APPRIVOISER LA RÉVOLUTION DE L'IA

Percer les secrets cachés de l'apprentissage automatique - Un guide complet de l'intelligence artificielle et de l'apprentissage automatique

Alex Lumiere

TABLE DES MATIÈRES

AVANT-PROPOS

Nous sommes entrés dans l'ère de l'intelligence artificielle, une révolution technologique qui promet de changer non seulement notre façon de vivre et de travailler, mais aussi la structure même de notre société. La révolution de l'IA est en marche, et il ne s'agit pas seulement d'une question de technologie, mais aussi de la manière dont nous choisissons d'utiliser cette technologie et dont nous nous préparons à son impact. Ce livre, "Apprivoiser la révolution de l'IA : percer les secrets cachés de l'apprentissage automatique - Un guide complet de l'intelligence artificielle et de l'apprentissage automatique", a été écrit pour vous guider à travers ces défis et ces opportunités.

Dans le premier chapitre, nous explorerons l'essor de l'IA, de ses débuts théoriques à ses applications actuelles. Nous découvrirons les principaux acteurs de cette révolution et discuterons de l'importance et de l'impact de l'IA sur les entreprises et la société. Le chapitre se terminera par une réflexion sur les implications éthiques de l'IA et un aperçu des perspectives mondiales.

Le deuxième chapitre est consacré à l'apprentissage automatique, une composante fondamentale de l'IA. Nous expliquerons les bases de cette discipline et discuterons des différents types d'apprentissage automatique, en illustrant ses applications dans la vie quotidienne. Nous examinerons ensuite le rôle crucial des données et donnerons un aperçu des algorithmes d'apprentissage automatique.

Le troisième chapitre abordera le concept d'apprentissage profond (Deep Learning), en expliquant son fonctionnement et ses différences avec l'apprentissage automatique traditionnel. Nous explorerons également les applications pratiques de l'apprentissage profond et ses innovations, ainsi que ses défis et ses limites.

Dans le quatrième chapitre, nous aborderons l'application de l'IA dans divers secteurs, tels que la santé, la finance, les transports, l'éducation, la fabrication, la vente au détail et le divertissement. Nous verrons comment l'IA transforme et innove dans ces secteurs.

Le cinquième chapitre est un guide pratique sur la manière de naviguer dans le paysage de l'IA. Nous aborderons l'importance de la culture de l'IA et discuterons de la manière d'acquérir les compétences nécessaires à l'ère de l'IA. Nous examinerons comment utiliser l'IA dans votre carrière et comment la mettre en œuvre dans les entreprises.

Dans le sixième chapitre, nous examinerons l'impact mondial de l'IA, en discutant de son rôle dans l'environnement, les pays en développement, la sécurité mondiale, la santé mondiale, la fracture numérique, l'emploi et la culture mondiale.

Enfin, dans le septième chapitre, nous nous pencherons sur l'avenir de l'IA et de l'apprentissage automatique, en abordant des sujets tels que l'informatique quantique, l'internet des objets, le traitement du langage naturel, l'analyse prédictive, l'IA éthique et l'avenir de la protection de la vie privée.

Cet ouvrage se veut un guide complet, mais surtout accessible. L'objectif est de vous fournir les connaissances et les outils nécessaires pour comprendre l'IA et l'apprentissage automatique, afin que vous puissiez prendre une part active à cette révolution, plutôt que d'être un simple observateur passif.

J'espère que vous trouverez ce livre utile et inspirant. Bonne lecture.

INTRODUCTION

À l'heure actuelle, nous sommes à l'aube d'une nouvelle ère, celle de l'intelligence artificielle (IA). L'IA et l'apprentissage automatique façonnent et remodèlent progressivement notre façon de vivre, de travailler et d'interagir. Il ne s'agit plus de simples sujets de laboratoire ou de science-fiction, mais de réalités tangibles qui imprègnent notre vie quotidienne.

Ce livre, "Taming the AI Revolution : Unlocking the Hidden Secrets of Machine Learning - A Complete Guide to Artificial Intelligence and Machine Learning" (Apprivoiser la révolution de l'IA : percer les secrets cachés de l'apprentissage automatique), est un voyage dans cet univers fascinant et complexe. Notre objectif est de rendre la compréhension de l'IA et de l'apprentissage automatique accessible à tous, afin de permettre à chacun d'entre nous de naviguer en toute connaissance de cause sur la mer houleuse de la révolution numérique.

À l'ère de l'IA, nous ne pouvons plus nous permettre d'être de simples spectateurs. Cette révolution exige une participation active, une compréhension éclairée. Que vous soyez un entrepreneur, un étudiant, un enseignant, un professionnel ou simplement un passionné de technologie, ce livre vous fournira un aperçu complet et détaillé des principaux sujets et tendances de l'IA et de l'apprentissage automatique, ainsi que des idées pratiques et des conseils pour utiliser ces technologies à votre avantage.

Au cours des prochains chapitres, nous examinerons les concepts fondamentaux de l'IA et de l'apprentissage automatique, tels que l'apprentissage supervisé et non supervisé, les réseaux neuronaux et l'apprentissage profond, ainsi que leurs applications pratiques dans divers secteurs, de la finance aux soins de santé, des transports à l'éducation.

Nous explorerons également les implications éthiques, juridiques et sociales de l'IA et de l'apprentissage automatique, un sujet particulièrement important étant donné le potentiel de ces technologies à transformer radicalement notre société. Enfin, nous nous tournerons vers l'avenir, en cherchant à comprendre les tendances émergentes et les défis qui nous attendent à l'ère de l'IA.

J'espère que ce livre vous aidera à naviguer dans le monde de l'IA et de l'apprentissage automatique, en vous donnant une nouvelle perspective et les outils pour naviguer avec succès dans la révolution de l'IA. Que vous cherchiez à comprendre comment l'IA peut influer sur votre carrière ou votre entreprise, ou que vous souhaitiez simplement en savoir plus sur ce sujet fascinant et en constante évolution, j'espère que "Apprivoiser la révolution de l'IA" est le point de départ que vous recherchez.

Et maintenant, commençons ce voyage passionnant dans l'univers de l'intelligence artificielle et de l'apprentissage automatique.

CHAPITRE INTRODUCTIF

L'aube de la révolution de l'intelligence artificielle (IA) est un événement qui, à bien des égards, a marqué une césure dans l'histoire de l'humanité. Les implications de cette révolution sont aussi profondes et omniprésentes que celles de la révolution industrielle du XVIIIe siècle. De même, elle a changé non seulement notre mode de vie, mais aussi la façon dont nous percevons le monde qui nous entoure et, en fin de compte, nous-mêmes.

Les premières explorations théoriques de l'IA remontent aux années 1950, lorsque des scientifiques et des ingénieurs se demandaient s'il était possible de créer des machines capables de "penser". Toutefois, ces premières idées ont souvent été accueillies avec un certain scepticisme, voire avec dérision. Comment une machine, un objet inanimé, pourrait-elle imiter les fonctions cognitives complexes de l'homme ?

Pourtant, avec le temps, ces doutes initiaux ont commencé à se dissiper. La croissance exponentielle de la puissance de calcul des ordinateurs, associée aux progrès dans la compréhension du fonctionnement du cerveau humain, a permis le développement d'algorithmes de plus en plus sophistiqués et puissants. Des algorithmes capables d'apprendre par eux-mêmes, d'améliorer leurs performances par l'expérience, de résoudre des problèmes complexes. Bref, de faire toutes ces choses qui, jusqu'à récemment, étaient considérées comme l'apanage exclusif des êtres humains.

C'est ainsi qu'est née la révolution de l'IA, une révolution qui nous a amenés à un monde où les machines ne se contentent pas de faire le gros du travail, mais sont également capables d'apprendre, de penser, de créer. Un monde où l'IA est devenue une présence constante dans nos vies quotidiennes, influençant tout, de nos méthodes de travail et d'étude à nos façons de communiquer et de nous amuser.

C'est un monde aux possibilités infinies, mais aussi aux défis sans précédent. Un monde qui exige une nouvelle compréhension, une nouvelle approche, une nouvelle façon de penser. C'est un monde que nous ne pouvons ignorer et que nous devons affronter les yeux ouverts et l'esprit prêt.

Tel est l'objectif de ce livre : vous aider à comprendre la révolution de l'IA, à naviguer dans ses eaux tumultueuses, à saisir ses opportunités et à relever ses défis. Un voyage qui commence à l'aube de cette révolution, mais qui vous emmènera bien au-delà, aux limites de ce que l'IA peut faire et de ce qu'elle peut devenir.

Bienvenue à l'aube de la révolution de l'IA.

Avoir une compréhension solide et éclairée de l'intelligence artificielle n'est plus une option, mais une nécessité absolue. Quel que soit le domaine dans lequel nous opérons - qu'il s'agisse des affaires, de l'éducation, des soins de santé, de l'ingénierie ou de tout autre secteur - l'IA a commencé à imprégner tous les aspects de notre vie. Une compréhension approfondie de son fonctionnement et de la manière dont nous pouvons l'utiliser peut être la clé du succès dans ce monde en constante évolution.

C'est précisément l'objectif de ce livre. Il vise à vous donner une solide compréhension de l'intelligence artificielle et de l'apprentissage automatique, non seulement en expliquant ce qu'ils sont et comment ils fonctionnent, mais aussi en vous montrant comment ils peuvent être utilisés de manière efficace et responsable.

La force de ce livre réside dans sa capacité à combiner un traitement rigoureux et approfondi des concepts théoriques avec un fort accent sur les applications pratiques. Il ne s'agit pas d'un simple manuel sur l'IA et l'apprentissage automatique, mais d'un guide complet et pratique pour naviguer dans ce nouveau domaine fascinant.

L'IA et l'apprentissage automatique sont des disciplines complexes, pleines de concepts mathématiques et informatiques avancés. Cependant, j'ai fait de mon mieux pour présenter ces sujets de manière accessible, en utilisant un langage clair et direct et en évitant les technicités inutiles. Que vous soyez un professionnel à la recherche de nouvelles compétences, un enseignant qui souhaite mettre à jour son cours ou un passionné de technologie qui veut comprendre ce qui se cache derrière les applications que vous utilisez tous les jours, vous trouverez dans ce livre une ressource précieuse.

Ce livre ne se contente pas de vous fournir des connaissances, il veut vous aider à les mettre en pratique. Le monde de l'IA et de l'apprentissage automatique est plein d'opportunités, mais aussi de défis. Avec les bonnes connaissances et le bon état d'esprit, nous pouvons saisir ces opportunités et relever ces défis, et tirer le meilleur parti du potentiel que l'IA a à offrir.

En fin de compte, l'importance de ce livre réside dans son engagement en faveur d'une vision de l'IA qui n'est pas seulement technologiquement avancée, mais aussi socialement responsable. Une vision qui reconnaît le potentiel de l'IA à transformer notre société, mais qui est également consciente des risques et des défis qu'elle comporte. Une vision, en somme, qui met l'IA au service de l'humanité, et non l'inverse.

C'est pourquoi je crois que ce livre est important et j'espère que vous, lecteurs, le trouverez non seulement utile, mais aussi inspirant et éclairant. Car, en fin de compte, l'intelligence artificielle est plus qu'une technologie. C'est une nouvelle frontière de la connaissance humaine, un nouveau défi pour notre intelligence et notre créativité. Et c'est un défi que nous sommes prêts à relever, j'en suis sûr.

Dans la société numérique d'aujourd'hui, l'intelligence artificielle est devenue un sujet dominant, qui imprègne tous les secteurs et tous les aspects de notre vie. Des médias sociaux aux actualités, des conférences aux salles de classe, l'IA est partout. Mais au-delà de l'engouement et de la curiosité, l'IA fait l'objet d'un battage considérable, de mythes et d'idées fausses.

L'IA n'est pas un concept nouveau. Son origine remonte à 1956, lors d'une conférence d'été au Dartmouth College, où un groupe de scientifiques a inventé le terme "intelligence artificielle". Depuis lors, l'IA a connu des hauts et des bas, des périodes d'activité intense et de progrès interrompues par des "hivers de l'IA", des périodes de baisse d'intérêt et de financement.

Toutefois, la dernière décennie a été marquée par un incroyable réveil de l'IA, sous l'effet de la convergence de plusieurs facteurs : la disponibilité d'énormes quantités de données, l'augmentation de la puissance de calcul et les développements dans le domaine de l'apprentissage automatique et de l'apprentissage en profondeur en particulier. Cette "nouvelle vague" d'IA a permis des avancées sans précédent et un large éventail d'applications pratiques, des systèmes de reconnaissance vocale et d'images aux chars autonomes.

Malgré cela, il est important d'aller au-delà du battage médiatique et d'avoir une compréhension claire et objective de ce qu'est réellement l'IA, de ce qu'elle peut faire et, tout aussi important, de ce qu'elle ne peut pas faire. L'IA n'est ni une panacée ni une menace existentielle. Elle ne résoudra pas tous nos problèmes et n'entraînera pas la fin de l'humanité. Il s'agit d'un outil, d'une technologie qui peut être utilisée de différentes manières, avec de nombreux potentiels mais aussi de nombreux défis. Dans ce livre, nous tenterons d'aller au-delà du battage médiatique, en vous donnant une vision équilibrée et approfondie de l'IA. Nous vous fournirons les connaissances et les outils nécessaires pour comprendre l'IA, pour évaluer de manière critique les affirmations faites à son sujet et pour l'utiliser de manière efficace et responsable dans votre travail et dans votre vie.

Explorer la structure de l'intelligence artificielle signifie voyager dans un labyrinthe complexe d'idées et de concepts techniques. L'IA est un domaine vaste et complexe, qui englobe de nombreuses sous-disciplines et techniques. Au niveau le plus élevé, l'IA peut être divisée en deux catégories principales : l'IA faible et l'IA forte.

L'IA faible, également connue sous le nom d'IA étroite, est celle que nous voyons actuellement utilisée dans la plupart des applications pratiques. Il s'agit de systèmes d'IA conçus et formés pour effectuer une tâche spécifique, telle que la reconnaissance d'images ou la traduction en langage naturel. Ces systèmes peuvent être extrêmement efficaces dans leur tâche spécifique, mais ne possèdent pas la capacité de comprendre, d'apprendre ou d'appliquer des connaissances en dehors de cette tâche.

En revanche, l'IA forte, ou IA générale, est l'idée d'un système d'IA qui possède la capacité de comprendre, d'apprendre et d'appliquer des connaissances dans un large éventail de tâches, comme le fait un être humain. C'est la vision de l'IA souvent représentée dans les films de science-fiction, mais il est important de souligner que l'IA forte reste, du moins pour l'instant, du domaine de la spéculation et de la recherche théorique. Malgré des progrès considérables, il n'existe actuellement aucun système d'IA forte.

Au sein de ces deux grandes catégories, il existe de nombreuses techniques et sous-domaines de l'IA, tels que l'apprentissage automatique, l'apprentissage profond, le raisonnement basé sur des règles, le traitement du langage naturel, la vision par ordinateur, etc. Chacun de ces domaines possède ses propres méthodologies, outils et défis.

Il est essentiel de comprendre la structure de l'IA pour comprendre son potentiel, ses limites et la manière dont elle peut être utilisée efficacement. Dans ce livre, nous explorerons plusieurs de ces domaines, en vous fournissant une base de connaissances solide à partir de laquelle vous pourrez continuer à explorer le monde de l'IA.

Alors que nous nous aventurons ensemble dans ce voyage fascinant à travers le monde de l'IA, il est important d'être conscient que nous ne suivons pas un chemin linéaire ou défini. L'IA est un domaine en constante évolution, avec de nouveaux développements et de nouvelles découvertes. Votre parcours dans l'IA sera donc un processus d'apprentissage continu, nécessitant une ouverture d'esprit, de la curiosité et une volonté de s'adapter à de nouvelles informations.

Il y aura des moments où vous vous sentirez dépassé par la complexité de certains concepts ou techniques. Dans ces moments-là, il est important de se rappeler que même les plus grands experts en IA apprennent constamment et s'efforcent de se tenir au courant des dernières découvertes. N'hésitez pas à poser des questions, à rechercher des informations supplémentaires ou à revoir les concepts qui ne vous semblent pas clairs.

De même, vous serez parfois enthousiasmé par les possibilités offertes par l'IA. Cette excitation est un puissant moteur d'apprentissage et d'innovation, et je vous encourage à suivre cette passion. Cherchez des occasions d'appliquer ce que vous apprenez, qu'il s'agisse d'expérimenter avec votre logiciel d'apprentissage automatique, de concevoir une nouvelle application d'IA ou simplement de discuter de vos idées avec d'autres personnes.

Votre parcours dans l'IA sera unique, déterminé par vos intérêts, vos expériences et vos aspirations. Dans ce livre, mon objectif est de vous fournir les connaissances et les outils qui vous aideront tout au long de votre parcours. Mais en fin de compte, c'est vous qui déciderez de la direction et du rythme de votre voyage. J'espère que vous trouverez cette aventure aussi fascinante et enrichissante que moi.

Entrer dans le monde de l'intelligence artificielle peut sembler une tâche intimidante, mais en réalité, nous vivons et interagissons déjà avec l'IA dans de nombreux aspects de notre vie quotidienne. Que nous en soyons conscients ou non, l'IA est là et elle est là pour rester. L'intelligence artificielle a révolutionné notre façon de vivre, de travailler et d'interagir avec le monde. Et ce n'est que le début. Si nous nous projetons dans l'avenir, nous pouvons prédire que l'IA aura un impact de plus en plus profond sur toutes les sphères de notre société. Notre économie, nos structures sociales, notre façon de faire des affaires, notre santé et même notre conception de l'être humain seront façonnées par ces technologies. L'IA pourrait être la clé de la résolution de certains des problèmes les plus urgents de notre époque, de la crise climatique à la faim dans le monde, de l'inégalité économique à la santé mondiale. Dans le même temps, elle pose de nouveaux défis et dilemmes éthiques auxquels nous devons répondre.

La révolution de l'intelligence artificielle est en marche et nous avons tous un rôle à jouer. Que vous soyez ingénieur, entrepreneur, éducateur, artiste, parent, politicien ou simplement un citoyen intéressé, vous avez la possibilité et la responsabilité de contribuer à façonner cette révolution. Il ne s'agit pas seulement de comprendre le fonctionnement des technologies de l'IA ou de savoir comment les utiliser, mais de participer activement au débat sur la manière dont ces technologies devraient être développées et utilisées pour le bien de tous.

Accepter la révolution de l'IA, c'est saisir l'occasion d'apprendre, d'explorer, d'expérimenter et de construire l'avenir. Cela signifie également reconnaître les risques et les défis que l'IA présente et s'engager à travailler pour un avenir où l'IA est utilisée de manière éthique, équitable et durable. Votre voyage dans l'IA commence ici. Bienvenue dans la révolution.

CHAPITRE 1 :
L'ESSOR DE L'IA

L'intelligence artificielle, ou IA, est un concept qui a pris le monde d'assaut, l'enveloppant d'une aura d'excitation, d'opportunités et, dans certains cas, d'appréhension. Mais qu'est-ce que cela signifie vraiment ? Pour beaucoup, l'IA est un terme complexe, entouré d'un voile de mystère technologique, utilisé pour décrire une gamme d'outils et de technologies qui semblent appartenir davantage au domaine de la science-fiction qu'à notre réalité quotidienne. Cependant, la vérité est que l'IA est bien plus ancrée dans notre monde que beaucoup ne l'imaginent.

L'intelligence artificielle peut être définie comme la capacité d'une machine à effectuer des tâches qui nécessiteraient normalement l'intelligence humaine. Cela inclut des tâches telles que la reconnaissance vocale, l'apprentissage, la planification, le raisonnement, la perception et la capacité à manipuler des objets. Mais l'IA ne se résume pas à la simple reproduction de l'intelligence humaine dans une machine. Il s'agit de créer des systèmes capables de "penser" de manière autonome, d'"apprendre" par l'expérience et de s'adapter à des circonstances changeantes.

L'IA n'est pas un produit fini, mais un domaine de recherche en constante évolution. Elle est constamment alimentée par de nouvelles avancées et découvertes scientifiques, des innovations technologiques et des développements économiques et sociaux. Chaque nouvelle avancée dans le domaine de l'IA ouvre de nouvelles possibilités et présente de nouveaux défis. Notre tâche consiste à comprendre ces changements, à nous y adapter et à les utiliser pour créer un avenir meilleur.

Comprendre l'intelligence artificielle, c'est accepter que nous sommes au début d'une nouvelle ère, une ère dans laquelle les machines ne sont pas seulement des outils passifs que nous utilisons, mais deviennent des partenaires actifs, capables d'agir et d'interagir avec le monde d'une manière inimaginable il y a seulement quelques décennies. C'est une ère qui offre d'énormes possibilités, mais qui comporte aussi de grands défis. Et nous ne sommes qu'au début de ce voyage passionnant.

L'histoire de l'intelligence artificielle (IA) est un voyage fascinant qui s'étend sur plus d'un demi-siècle, passant par différents stades d'évolution et de révolution. Avec le recul, il est étonnant de constater que nous sommes passés d'une phase où l'IA était un concept abstrait, relégué aux laboratoires de recherche et aux pages des romans de science-fiction, à une réalité tangible qui imprègne presque tous les aspects de notre existence quotidienne.

Le parcours de l'IA a commencé dans les années 1950, une période que l'on peut considérer comme son enfance. À cette époque, l'IA n'était guère plus qu'un rêve, une idée théorique qui fascinait les scientifiques et les écrivains. L'IA était la promesse d'un avenir dans lequel les machines seraient capables de penser et d'agir comme des humains, de résoudre des problèmes complexes et d'accomplir des tâches qui, jusqu'alors, étaient du ressort exclusif des humains.

Dans les années 1960 et 1970, nous avons assisté aux premiers pas concrets vers la réalisation de ce rêve. Cette phase peut être considérée comme l'adolescence de l'IA. Au cours de cette période, les premiers algorithmes d'apprentissage automatique et les premiers systèmes experts ont été développés. Ces derniers étaient des programmes informatiques qui utilisaient des connaissances humaines codées pour résoudre des problèmes spécifiques dans divers domaines, tels que la médecine, la géologie et l'ingénierie.

Les années 1980 et 1990 ont marqué le début de l'âge adulte de l'IA. C'est au cours de cette période que la discipline a commencé à montrer son véritable potentiel. Avec l'avènement de l'apprentissage automatique, les machines sont devenues capables d'"apprendre" de manière autonome à partir de données et d'expériences, sans avoir besoin d'être explicitement programmées. Cela a ouvert un monde de possibilités, permettant le développement de systèmes d'IA de plus en plus sophistiqués.

Au début du 21e siècle, l'IA est entrée dans une phase de croissance explosive. Cette phase, qui se poursuit encore aujourd'hui, a été alimentée par un certain nombre de facteurs. Tout d'abord, les progrès rapides des capacités informatiques dus à l'augmentation de la puissance de traitement des ordinateurs et à l'avènement de l'informatique en nuage. Ensuite, la disponibilité d'énormes quantités de données numériques, qui fournissent la "matière" pour l'apprentissage automatique. Enfin, la convergence de différentes disciplines scientifiques et technologiques, notamment l'informatique, les neurosciences, les statistiques et l'ingénierie.

Aujourd'hui, l'IA est partout. Nous la trouvons dans nos maisons, sous la forme d'assistants virtuels comme Alexa et Siri. Nous la trouvons dans nos voitures, avec les systèmes de conduite autonome. Nous la trouvons dans nos téléphones, avec des applications de reconnaissance vocale et de traduction automatique. Nous la trouvons dans nos bureaux, avec les logiciels d'analyse de données et de prévision des tendances du marché. Et nous la trouvons dans de nombreux autres domaines, de la médecine à la météorologie, de l'éducation à l'énergie.

Mais malgré ces avancées incroyables, l'IA n'en est encore qu'à ses débuts. Les scientifiques s'efforcent encore de comprendre comment fonctionne l'intelligence, tant humaine qu'artificielle, et comment nous pouvons concevoir des systèmes d'IA de plus en plus puissants, polyvalents et fiables. Et comme l'IA continue d'évoluer et de mûrir, nous devons être prêts à faire face aux changements qu'elle apporte, qu'il s'agisse d'opportunités ou de défis. Ce livre est votre outil pour comprendre et tirer le meilleur parti de la révolution de l'IA.

La révolution de l'IA n'est pas apparue du jour au lendemain. Il s'agit d'une progression graduelle, menée par de nombreuses personnalités, tant individuelles qu'organisationnelles, qui ont ouvert la voie à l'innovation et à la découverte. Ces pionniers ont contribué à jeter les bases de l'IA telle que nous la connaissons aujourd'hui, en travaillant sans relâche pour repousser les limites de la science et de la technologie.

Parmi les noms les plus connus figure Alan Turing, l'un des pères fondateurs de l'informatique moderne. Turing a développé le concept de "machine universelle", qui peut être programmée pour effectuer n'importe quel calcul. Cette idée est à la base des ordinateurs modernes. En outre, son "test de Turing" reste une norme pour évaluer la capacité d'un système d'intelligence artificielle à imiter l'intelligence humaine.

Un autre protagoniste notable est John McCarthy, souvent considéré comme le père de l'IA. C'est lui qui a inventé le terme "intelligence artificielle" et qui a mené les premières recherches dans ce domaine. Ses idées ont contribué à jeter les bases de la programmation logique, un élément fondamental de nombreuses techniques d'IA.

Il y a aussi les pionniers de l'apprentissage automatique, comme Arthur Samuel, qui a développé les premiers algorithmes d'apprentissage automatique, et Geoffrey Hinton, l'un des pères de l'apprentissage profond, une sous-discipline de l'apprentissage automatique qui a révolutionné le domaine de l'IA.

Mais la révolution de l'IA ne concerne pas seulement les individus. Les organisations ont également joué un rôle clé. Des entreprises telles qu'IBM, Microsoft, Google et Facebook ont consacré d'importantes ressources à la recherche et au développement dans le domaine de l'IA, contribuant ainsi à stimuler l'innovation. Des établissements universitaires tels que l'université de Stanford, le MIT et l'université de Cambridge ont joué un rôle essentiel dans la formation de la prochaine génération de chercheurs en IA.

Enfin, il y a les organisations à but non lucratif comme OpenAI et Partnership on AI, qui veillent à ce que l'IA soit utilisée pour le bien commun, et les agences gouvernementales comme la National Science Foundation aux États-Unis, qui financent et soutiennent la recherche sur l'IA.

Ces personnes et organisations ne représentent qu'une petite partie des nombreux acteurs qui ont contribué à la révolution de l'IA. Chacun d'entre eux a contribué à façonner le domaine de l'IA et à l'amener là où il se trouve aujourd'hui. Et à mesure que nous continuons à naviguer dans la révolution de l'IA, nous verrons probablement de nouveaux acteurs émerger, menant l'IA vers de nouveaux horizons.

La révolution de l'IA a un impact significatif sur l'économie mondiale. Les innovations en matière d'intelligence artificielle créent de nouvelles opportunités commerciales, révolutionnent les industries et améliorent la productivité d'une manière que nous n'aurions pu imaginer auparavant.

Pour avoir une idée de l'ampleur de ces transformations, examinons quelques données. Selon une étude de PwC, l'IA pourrait ajouter jusqu'à 15 700 milliards de dollars au PIB mondial d'ici à 2030. Cette estimation repose sur l'idée que l'IA peut améliorer la productivité du travail et créer une nouvelle demande grâce à des produits et services innovants. Il ne s'agit pas d'une simple amélioration marginale, mais d'un véritable bond en avant en termes de productivité et de croissance économique.

Mais l'impact de l'IA ne se limite pas aux seules données économiques. Elle transforme l'ensemble du paysage commercial. Dans des domaines tels que la santé, l'IA conduit à de nouvelles façons de diagnostiquer et de traiter les maladies. Dans la finance, elle améliore la capacité à prédire les tendances du marché et à gérer les risques. Dans l'industrie manufacturière, elle permet d'accroître l'efficacité grâce à l'automatisation. Et dans le domaine de l'éducation, elle révolutionne la manière dont nous enseignons et apprenons.

Toutefois, ces opportunités s'accompagnent également de défis. L'automatisation pourrait entraîner des pertes d'emplois dans certains secteurs et nécessiter des compétences nouvelles et différentes. En outre, l'IA pourrait accroître les inégalités économiques, tant entre les individus qu'entre les nations. Enfin, il y a les questions de protection de la vie privée et de sécurité des données, qui doivent être traitées efficacement.

La manière dont nous relèverons ces défis aura un impact

significatif sur l'avenir de l'IA et sur sa capacité à créer de la valeur économique. Mais une chose est sûre : l'IA a le potentiel de transformer l'économie d'une manière que nous n'avons pas encore totalement comprise. Et pour les entreprises et les nations qui seront en mesure d'exploiter ce potentiel, les bénéfices pourraient être énormes.

Le rôle de l'intelligence artificielle dans la société est un sujet vaste et multiforme. Elle touche tous les aspects de notre vie, depuis les décisions commerciales au niveau macro jusqu'aux interactions quotidiennes au niveau micro. L'IA n'est pas seulement une question technologique, c'est aussi une question sociale qui nécessite une réflexion approfondie.

L'IA a le potentiel de rendre notre société plus efficace, plus sûre et plus productive. Les systèmes d'IA qui nous aident à prévenir la fraude financière, à améliorer la sécurité des transports, à personnaliser l'éducation et à mettre au point des thérapies médicales sur mesure en sont des exemples. Ce ne sont là que quelques-unes des façons dont l'IA transforme notre société pour le mieux.

Cependant, l'IA a aussi un côté sombre. La perte potentielle d'emplois due à l'automatisation, la prolifération des "fake news", la manipulation des élections, l'utilisation abusive des données personnelles et le renforcement des inégalités sociales sont autant de problèmes qui émergent avec l'essor de l'IA. En outre, l'IA peut également intensifier des problèmes préexistants dans la société, tels que le racisme et le sexisme, par son utilisation inappropriée ou insensible.

Pour naviguer sur ces terrains complexes, nous avons besoin d'une approche holistique qui va au-delà de la technologie. Nous devons considérer l'IA non seulement comme un ensemble d'outils et de techniques, mais aussi comme un phénomène social ayant des implications politiques, économiques, culturelles et éthiques. Nous devons être prêts à poser des questions difficiles et à remettre en cause nos présomptions.

Comment utilisons-nous l'IA ? Qui en bénéficie et qui en est pénalisé ? Comment s'assurer que l'IA est utilisée de manière éthique et responsable ? Ce ne sont là que quelques-unes des questions que nous devons nous poser lorsque nous essayons de comprendre et de façonner le rôle de l'IA dans notre société.

En outre, nous devons également considérer le rôle de l'IA dans la création d'une société plus durable. L'IA peut nous aider à lutter contre le changement climatique, à préserver les ressources naturelles et à promouvoir la justice sociale. Mais pour réaliser ce potentiel, nous devons veiller à ce que l'IA soit guidée par des principes de durabilité et de justice.

En conclusion, le rôle de l'IA dans la société est un sujet complexe et évolutif. Mais il s'agit également d'un sujet crucial qui requiert notre attention et notre engagement. Nous devons être proactifs pour comprendre et façonner le rôle de l'IA dans notre société, afin de garantir qu'elle soit une force pour le bien et non pour le mal. Le défi est de taille, mais les opportunités sont encore plus grandes.

L'essor de l'intelligence artificielle a catalysé un débat intense et nécessaire sur un large éventail de questions éthiques. Le pouvoir et l'influence omniprésents de l'IA ont rendu ces discussions cruciales, car les décisions prises aujourd'hui influenceront la société pour les décennies à venir. L'un des principaux enjeux de ce débat concerne la protection de la vie privée et l'utilisation des données. Les systèmes d'IA, en particulier ceux basés sur l'apprentissage automatique, ont besoin d'énormes quantités de données pour fonctionner efficacement. Ces données comprennent souvent des informations sensibles et privées sur les individus, qui peuvent être collectées et utilisées sans leur consentement. Cette pratique pose de graves problèmes de protection de la vie privée et peut conduire à une utilisation abusive des données, comme la discrimination ou la manipulation.

Une autre question éthique cruciale concerne l'automatisation du travail. Si l'IA a le potentiel d'améliorer la productivité et l'efficacité dans de nombreux secteurs, elle peut aussi entraîner des pertes d'emplois. Cela soulève la question de savoir comment nous devrions gérer l'impact social et économique de l'automatisation et comment nous pourrions restructurer la société et l'économie pour veiller à ce que personne ne soit laissé pour compte.

La question de l'éthique de l'IA ne se limite toutefois pas à la protection de la vie privée et à l'automatisation. D'autres questions portent sur la transparence et la responsabilité des systèmes d'IA, la discrimination algorithmique potentielle, la militarisation de l'IA et la possibilité d'un avenir où l'IA surpasserait l'intelligence humaine.

Il s'agit là de questions complexes qui n'ont pas de réponses simples. Toutefois, il est essentiel que ces discussions soient menées de manière ouverte et inclusive, en impliquant toutes les parties prenantes, y compris les technologues, les décideurs politiques, les philosophes, les organisations de la société civile et le grand public. En outre, nous devrions essayer d'anticiper et de prévenir les problèmes potentiels avant qu'ils ne surviennent, plutôt que d'essayer de les résoudre après coup.

Dans l'ensemble, les implications éthiques de l'IA représentent l'un des défis les plus importants et les plus urgents de notre époque. La manière dont nous relèverons ces défis définira le cours de la révolution de l'IA et déterminera si l'IA sera une bénédiction ou une malédiction pour l'humanité.

La révolution de l'IA ne se limite pas aux frontières d'un seul pays ou d'une seule région. Il s'agit d'un phénomène mondial qui affecte les sociétés, les économies et les cultures du monde entier. Toutefois, l'ampleur et la rapidité de cet impact varient considérablement d'un endroit à l'autre, en fonction de facteurs tels que le niveau de développement technologique, la disponibilité de talents spécialisés, les politiques et réglementations gouvernementales, l'infrastructure numérique, les attitudes culturelles à l'égard de la technologie, et bien d'autres variables.

Par exemple, des pays comme les États-Unis et la Chine sont actuellement à la pointe de la course à l'IA, grâce à leurs écosystèmes technologiques robustes, à la disponibilité de capitaux d'investissement substantiels et à la présence de certains des meilleurs cerveaux dans le domaine de l'IA. Parallèlement, des pays comme le Canada, le Royaume-Uni et la France sont en train de devenir d'importants centres de recherche et d'innovation en matière d'IA, grâce à la solidité de leur secteur universitaire et à des politiques gouvernementales favorables. Toutefois, les économies avancées ne sont pas les seules à récolter les fruits de l'IA. Les pays en développement commencent également à explorer les possibilités offertes par l'IA. En Afrique, par exemple, l'IA est utilisée pour résoudre des problèmes urgents tels que la pauvreté, la malnutrition et le manque d'accès aux services de base. En Inde, des start-up spécialisées dans l'IA émergent dans des secteurs tels que l'agriculture, les soins de santé et l'éducation, offrant des solutions innovantes pour relever les défis locaux.

La mondialisation de l'IA entraîne également de nouveaux problèmes et défis. Par exemple, la centralisation du pouvoir de l'IA entre quelques mains peut entraîner des inégalités économiques et géopolitiques. La prolifération des technologies d'IA peut également entraîner des problèmes de sécurité, tels que l'utilisation malveillante de l'IA par des acteurs malveillants. En outre, la diffusion de l'IA soulève des questions éthiques universelles qui nécessitent un dialogue mondial, telles que la protection de la vie privée, l'équité et l'autonomie.

En conclusion, si la révolution de l'IA offre d'immenses possibilités, elle s'accompagne également de nouveaux défis qui nécessitent une coopération et un dialogue à l'échelle mondiale. La manière dont nous relèverons ces défis déterminera le cours de la révolution de l'IA et son impact sur notre société, notre économie et notre culture à l'échelle mondiale.

CHAPITRE 2 : DÉBLOQUER L'APPRENTISSAGE AUTOMATIQUE

L'apprentissage automatique est un sous-domaine de l'intelligence artificielle qui se concentre sur la construction de systèmes capables d'apprendre à partir de données. Contrairement aux algorithmes traditionnels, qui suivent des instructions explicitement programmées, les algorithmes d'apprentissage automatique améliorent leurs performances au fur et à mesure qu'ils sont exposés à davantage de données.

L'idée qui sous-tend l'apprentissage automatique est simple, mais puissamment révolutionnaire : si un algorithme peut améliorer ses performances grâce à l'expérience, alors il peut être possible de créer des machines capables de s'adapter à de nouveaux problèmes et contextes. Ce concept d'apprentissage par l'expérience, de généralisation de données spécifiques à de nouveaux cas, est au cœur de l'apprentissage automatique.

L'apprentissage automatique peut prendre de nombreuses formes différentes, en fonction du type de problème que vous essayez de résoudre et des données disponibles. Par exemple, si nous disposons d'un ensemble de données étiquetées, nous pouvons utiliser une approche connue sous le nom d'apprentissage supervisé, dans laquelle l'algorithme tente d'apprendre une fonction qui associe les entrées (ou "caractéristiques") aux sorties (ou "étiquettes") à partir des exemples donnés. Si, en revanche, nous ne disposons pas de données étiquetées, nous pouvons utiliser l'apprentissage non supervisé, dans lequel l'algorithme tente de découvrir des structures cachées dans les données.

Une autre approche importante est l'apprentissage par

renforcement, dans lequel un agent apprend à interagir avec son environnement pour maximiser une récompense. Cette approche est particulièrement utile pour des problèmes tels que le contrôle de robots ou le jeu d'échecs, où l'objectif est d'apprendre une stratégie optimale par l'expérience.

Bien que l'apprentissage automatique puisse sembler un concept abstrait et lointain, il est en fait déjà omniprésent dans notre vie quotidienne. Par exemple, il est à la base des systèmes de recommandation qui suggèrent des films ou des produits susceptibles de nous plaire, des assistants vocaux qui comprennent nos demandes et des moteurs de recherche qui filtrent les résultats les plus pertinents pour nos requêtes.

Tout au long de cet ouvrage, nous explorerons en profondeur l'apprentissage automatique, en révélant ses secrets et son potentiel, et en fournissant les bases permettant de comprendre comment il façonne notre avenir numérique.

L'apprentissage automatique, comme nous l'avons dit, est un domaine vaste et diversifié qui englobe un certain nombre de techniques et de méthodes. Ces méthodes peuvent être regroupées en trois catégories principales, en fonction du type d'"apprentissage" effectué par l'algorithme : l'apprentissage supervisé, l'apprentissage non supervisé et l'apprentissage par renforcement.

L'apprentissage supervisé est peut-être la forme la plus courante d'apprentissage automatique. Dans ce scénario, nous disposons d'un ensemble de données de formation étiquetées, c'est-à-dire que nous avons à la fois des caractéristiques et des réponses correspondantes (ou étiquettes). L'algorithme "apprend" alors une correspondance entre les caractéristiques et les étiquettes, en essayant de minimiser l'erreur entre les réponses prédites et les réponses réelles. Cette forme d'apprentissage est extrêmement puissante et utilisée dans de nombreuses applications, de la prédiction des prix de l'immobilier au diagnostic médical en passant par la classification de textes.

L'apprentissage non supervisé, quant à lui, traite les cas où nous ne disposons pas de données étiquetées. L'objectif est de trouver des structures cachées dans les données. Cela peut se faire par le biais de techniques de regroupement, dans lesquelles on tente de regrouper des données similaires, ou par le biais de techniques de réduction de la dimensionnalité, dans lesquelles on tente de réduire le nombre de variables considérées tout en conservant la plupart des informations. Ces techniques sont particulièrement utiles dans des contextes tels que l'analyse de marché ou la segmentation de la clientèle.

Enfin, l'apprentissage par renforcement est une approche dans laquelle un agent apprend à interagir avec son environnement par un processus d'essais et d'erreurs. L'agent effectue des actions, reçoit un retour d'information sous forme de récompenses ou de punitions et tente de maximiser la somme des récompenses au fil du temps. Cette approche est à la base de nombreuses réalisations récentes dans le domaine de l'IA, comme la victoire du programme AlphaGo de DeepMind sur le champion du monde de Go.

Chacun de ces types d'apprentissage automatique possède ses propres atouts et défis, et le choix de la méthode appropriée dépend du problème spécifique que nous essayons de résoudre. Tout au long de l'ouvrage, nous explorerons plus en détail chacune de ces approches, en fournissant des exemples concrets et en discutant des questions clés et des tendances émergentes.

L'une des raisons pour lesquelles l'apprentissage automatique a pris une telle importance dans notre société est sa large applicabilité. Il peut sembler que l'apprentissage automatique soit un domaine lointain et abstrait, relégué aux universités et aux entreprises technologiques. En réalité, nous utilisons des applications d'apprentissage automatique tous les jours, souvent sans même nous en rendre compte.

Prenons l'exemple de votre smartphone. Lorsque vous déverrouillez votre téléphone par reconnaissance faciale, vous utilisez l'apprentissage automatique. Cette technologie utilise des algorithmes d'apprentissage profond pour identifier les caractéristiques uniques de votre visage et déverrouiller votre appareil. De même, lorsque vous prenez une photo et que votre appareil reconnaît automatiquement les visages dans la scène, vous utilisez là encore l'apprentissage automatique.

De même, lorsque vous utilisez un service de streaming musical ou un service de films et de séries télévisées en ligne et que vous recevez des recommandations personnalisées, ce sont des algorithmes d'apprentissage automatique qui sont à l'œuvre. Ces services utilisent vos données d'écoute ou de visionnage pour prédire ce que vous pourriez aimer et vous faire des suggestions précises.

Même dans le monde des affaires, l'apprentissage automatique est de plus en plus utilisé. Par exemple, les banques l'utilisent pour détecter les fraudes à la carte de crédit, en analysant les habitudes de dépenses des utilisateurs et en signalant toute activité inhabituelle. Dans le secteur de la vente au détail, l'apprentissage automatique est utilisé pour optimiser la chaîne d'approvisionnement, en prédisant la demande pour des produits spécifiques et en veillant à ce que les rayons soient toujours approvisionnés.

Il ne s'agit là que de quelques exemples. L'apprentissage automatique transforme des secteurs allant des soins de santé, avec les diagnostics assistés par l'IA, à l'agriculture, avec l'agriculture de précision basée sur les données. Il est clair que l'apprentissage automatique n'est pas seulement une question d'avenir, mais qu'il est déjà profondément ancré dans notre vie quotidienne. Et comme nous le verrons dans les prochains chapitres, ce n'est que la partie émergée de l'iceberg. Le potentiel de l'apprentissage automatique est vaste et encore largement inexploré.

Les données sont le cœur battant de l'apprentissage automatique. Sans données, les algorithmes d'apprentissage automatique seraient comme des bateaux sans boussole - incapables de naviguer dans la mer d'informations qui les entoure. Mais pourquoi les données sont-elles si importantes pour l'apprentissage automatique ? Et comment sont-elles utilisées exactement ?

Les algorithmes d'apprentissage automatique apprennent à partir d'exemples. Par exemple, si nous essayons de développer un algorithme capable de reconnaître des images de chats, nous aurons besoin d'un vaste ensemble de données d'images de chats que l'algorithme pourra utiliser pour "apprendre" à quoi ressemble un chat. Plus l'ensemble de données est important, plus l'algorithme peut voir de variétés de chats et plus il devient précis dans la reconnaissance des chats.

Mais les données ne sont pas seulement utiles pour l'apprentissage initial. Elles sont également cruciales pour le processus de validation et de test. Une fois que l'algorithme a été formé sur un ensemble de données, il est important de le tester sur un autre ensemble de données pour voir s'il peut généraliser ce qu'il a appris à de nouvelles données.

L'apprentissage automatique dépend également de la qualité des données. Si les données d'entrée sont inexactes ou déformées, les résultats de l'algorithme risquent d'être peu fiables. C'est ce que l'on appelle le principe "garbage in, garbage out" (GIGO). Pour que les résultats de l'apprentissage automatique soient fiables et utiles, il est essentiel de veiller à ce que les données utilisées pour former et tester les algorithmes soient exactes et représentatives.

Enfin, les données sont cruciales pour la mise à jour et l'amélioration continues des algorithmes d'apprentissage automatique. Au fur et à mesure que de nouvelles données sont collectées, les algorithmes peuvent être réentraînés ou mis à jour pour refléter les nouvelles informations. Cela permet à l'apprentissage automatique de s'adapter et de s'améliorer au fil du temps, et de conserver son utilité dans un monde qui évolue rapidement.

En résumé, les données sont l'élément vital de l'apprentissage automatique. Elles sont la matière première qui alimente l'apprentissage, la boussole qui guide la formation et le carburant qui permet une amélioration et une adaptation continues. Sans données, l'apprentissage automatique n'existerait pas tel que nous le connaissons.

Les algorithmes sont au cœur de l'apprentissage automatique. Il s'agit des règles et des procédures qui guident le processus d'apprentissage, permettant aux machines d'extraire des connaissances et des informations à partir de grandes quantités de données.

Les algorithmes d'apprentissage automatique peuvent être divisés en trois catégories principales : l'apprentissage supervisé, l'apprentissage non supervisé et l'apprentissage par renforcement. Dans l'apprentissage supervisé, les algorithmes apprennent à partir d'un ensemble de données étiquetées, c'est-à-dire des données qui ont été classées ou catégorisées à l'avance. Par exemple, si nous essayons de développer un algorithme capable d'identifier des photos de chiens, nous fournirons à l'algorithme un ensemble de photos de chiens qui ont été étiquetées comme telles. L'algorithme apprend alors à reconnaître les caractéristiques communes à ces images et les utilise pour identifier les images de chiens à l'avenir.

Dans l'apprentissage non supervisé, en revanche, les algorithmes apprennent à partir d'un ensemble de données non étiquetées. Cela signifie qu'ils ne disposent d'aucune information préexistante sur la manière dont les données sont classées ou catégorisées. Au lieu de cela, ils tentent d'identifier des modèles ou des structures dans les données elles-mêmes. Un exemple courant d'apprentissage non supervisé est l'analyse de grappes, dans laquelle l'algorithme tente de regrouper les données en groupes ou "grappes" sur la base de leur similarité.

L'apprentissage par renforcement est une approche différente dans laquelle un agent apprend par un processus d'essais et d'erreurs, en recevant des "renforcements" ou des punitions en fonction de ses actions. Par exemple, un algorithme d'apprentissage par renforcement pourrait être utilisé pour apprendre à un robot à naviguer dans un labyrinthe, l'agent recevant une récompense chaque fois qu'il atteint la sortie et une punition chaque fois qu'il se heurte à un mur.

Chacun de ces types d'algorithmes a ses propres points forts et ses applications idéales. L'apprentissage supervisé convient aux tâches de classification et de prédiction, tandis que l'apprentissage non supervisé est utile pour l'analyse exploratoire des données et la découverte de modèles cachés. L'apprentissage par renforcement, quant à lui, est le choix idéal pour les problèmes impliquant l'enchaînement de décisions et l'interaction avec l'environnement.

Il ne s'agit là que de quelques exemples des nombreux types d'algorithmes d'apprentissage automatique qui existent. Au fur et à mesure que le domaine évolue, de nouveaux algorithmes et de nouvelles techniques continuent d'apparaître, élargissant encore les possibilités de l'apprentissage automatique.

Au cours de la dernière décennie, l'apprentissage automatique a fait des progrès impressionnants. Outre l'évolution des techniques d'apprentissage supervisé, non supervisé et par renforcement, de nouveaux paradigmes tels que l'apprentissage profond révolutionnent le domaine.

L'apprentissage profond est une sous-famille de l'apprentissage automatique qui se concentre sur les algorithmes de réseaux neuronaux artificiels. Ces réseaux s'inspirent de la structure du cerveau humain et sont conçus pour simuler la manière dont les neurones humains traitent les informations. L'apprentissage en profondeur a permis des améliorations révolutionnaires dans de nombreux domaines, notamment la reconnaissance vocale, la vision par ordinateur et le traitement du langage naturel.

L'émergence de l'apprentissage fédéré est un autre développement passionnant. Cette technique permet d'apprendre à partir de multiples bases de données distribuées, ce qui permet aux machines d'apprendre à partir d'énormes quantités de données sans compromettre la vie privée des utilisateurs. Cette technique est particulièrement utile dans des secteurs tels que les soins de santé, où les données des patients sont sensibles et soumises à des réglementations strictes en matière de protection de la vie privée.

La technologie de l'apprentissage automatique s'étend également au-delà des applications traditionnelles basées sur les données pour englober la réalité augmentée et virtuelle, l'internet des objets (IoT) et d'autres domaines émergents.

Enfin, les progrès de l'apprentissage automatique ne concernent pas seulement les techniques et les applications, mais aussi l'accessibilité. Avec l'essor des plateformes d'apprentissage automatique à source ouverte, de plus en plus de personnes peuvent désormais explorer, expérimenter et contribuer à ce domaine. Cela conduit à une démocratisation de l'apprentissage automatique, permettant aux particuliers, aux petites entreprises et aux chercheurs du monde entier d'accéder à des outils et à des ressources de haute qualité.

Toutefois, ces progrès rapides s'accompagnent également de nouveaux défis. De la gestion d'énormes quantités de données à l'éthique de l'IA, ce sont des questions qui doivent être abordées à mesure que l'apprentissage automatique continue d'évoluer et de mûrir.

S'il est facile de se laisser emporter par l'enthousiasme que suscite le potentiel de l'apprentissage automatique, il est également important de faire face à la réalité de ce que cette technologie peut et ne peut pas faire. Il existe de nombreuses idées fausses sur l'apprentissage automatique qui peuvent conduire à des attentes irréalistes. Examinons certaines de ces distorsions et comparons-les à la réalité.

Tout d'abord, on peut avoir l'impression que l'apprentissage automatique est une sorte de "bulle de savon" technologique, une exagération passagère destinée à éclater. En réalité, l'apprentissage automatique a déjà prouvé sa valeur dans un large éventail d'applications, des assistants virtuels aux systèmes de recommandation, du diagnostic médical à la conduite autonome. Certes, il reste encore de nombreux défis à relever, mais l'apprentissage automatique n'est pas un simple caprice technologique.

Deuxièmement, on a l'impression que l'apprentissage automatique peut résoudre n'importe quel problème. En réalité, il ne s'agit pas d'une baguette magique. Certains problèmes se prêtent bien à l'apprentissage automatique, tandis que d'autres nécessitent des approches différentes. Par exemple, l'apprentissage automatique n'est pas adapté aux situations où les règles sont rigides et prévisibles, comme dans de nombreux problèmes de programmation classique.

Enfin, il y a l'idée que l'apprentissage automatique est une discipline obscure et inaccessible, réservée aux experts titulaires d'un doctorat. Ce n'est plus le cas aujourd'hui. Certes, l'apprentissage automatique est un domaine technique qui requiert une certaine formation, mais avec l'avènement des bibliothèques open source, des cours en ligne et des communautés d'apprentissage, il est devenu beaucoup plus accessible.

En conclusion, comme pour toute technologie émergente, il est important d'aborder l'apprentissage automatique avec un mélange d'optimisme et de réalisme. L'apprentissage automatique a un potentiel énorme, mais il s'agit également d'un domaine en évolution qui présente des défis et des limites. Comprendre à la fois ses promesses et ses réalités est une étape clé pour exploiter pleinement ses capacités.

CHAPITRE 3 :
APPRENTISSAGE PROFOND :
LA FRONTIÈRE AVANCÉE

L'ouverture de cette nouvelle section du livre représente une étape importante dans notre voyage de découverte de l'intelligence artificielle. Nous entrons maintenant dans le cœur battant de la révolution de l'IA : l'apprentissage profond. L'apprentissage profond, ou deep learning, est une sous-catégorie de l'apprentissage automatique qui a révolutionné d'innombrables domaines et qui est à l'origine de certaines des avancées les plus significatives en matière d'IA.

Au niveau le plus profond, l'apprentissage profond imite le fonctionnement du cerveau humain en utilisant ce que l'on appelle un réseau neuronal artificiel. Ces réseaux sont constitués de couches de nœuds, ou "neurones", qui peuvent apprendre à reconnaître des modèles dans les données. Lorsqu'un réseau est dit "profond", cela signifie qu'il comporte de nombreuses couches de ce type, chacune d'entre elles apprenant des modèles de plus en plus complexes.

La capacité de l'apprentissage profond à reconnaître et à apprendre à partir de modèles complexes le rend extrêmement efficace pour s'attaquer à des problèmes qui étaient auparavant difficiles à résoudre pour l'IA. Il s'agit notamment de défis tels que la reconnaissance d'images et de voix, la traduction automatique, la conduite autonome de véhicules, etc.

Pour bien comprendre la portée de l'apprentissage profond, il est important d'examiner son évolution au fil du temps, l'architecture des réseaux neuronaux, sa comparaison avec l'apprentissage automatique traditionnel, ses applications dans le monde réel, les innovations actuelles, les défis et les limites, et enfin, ce que pourrait être son avenir. Voici donc les grandes lignes de cette partie de notre voyage, préparons-nous à explorer ensemble les profondeurs de l'apprentissage profond.   L'architecture des réseaux neuronaux est l'élément fondamental de l'apprentissage profond. Comme nous l'avons déjà mentionné, ces réseaux sont conçus pour imiter la manière dont le cerveau humain traite les informations. Mais comment fonctionnent-ils exactement ? Et quels sont les principaux composants d'un réseau neuronal ?

Un réseau neuronal se compose d'un ensemble interconnecté de nœuds, ou "neurones", disposés en couches. Chaque neurone reçoit des données, effectue un calcul et transmet le résultat au neurone suivant. Un réseau neuronal comporte trois types principaux de couches : la couche d'entrée, les couches cachées et la couche de sortie.

La couche d'entrée reçoit des informations, qui peuvent provenir de diverses sources telles que des images, des sons ou du texte. Ces données sont ensuite transmises aux couches cachées, où se déroule la majeure partie de l'apprentissage. Chaque couche cachée est responsable de l'apprentissage de certains aspects des données. Par exemple, dans un réseau neuronal conçu pour reconnaître des images, les premières couches cachées peuvent apprendre à reconnaître des lignes et des contours, tandis que les couches suivantes peuvent apprendre à identifier des formes et des objets complexes.

Enfin, la couche de sortie génère la sortie finale du réseau. Dans le cas de la reconnaissance d'images, la couche de sortie pourrait indiquer quel objet a été reconnu dans une image.

Il est important de noter que la puissance de l'apprentissage profond provient de la profondeur de ses réseaux neuronaux. Avec davantage de couches cachées, un réseau peut apprendre des représentations de données de plus en plus abstraites et complexes. Cette capacité à apprendre à partir d'un large éventail de caractéristiques rend l'apprentissage profond extrêmement flexible et puissant.

Bien que l'apprentissage profond et l'apprentissage automatique traditionnel soient tous deux des méthodes utilisées pour enseigner aux machines comment apprendre et faire des prédictions à partir de données, il existe des distinctions essentielles entre les deux.

L'apprentissage automatique traditionnel repose sur un ensemble de règles et d'algorithmes prédéterminés que la machine utilise pour identifier des modèles dans les données. L'objectif est que la machine apprenne ces règles par l'expérience, améliorant ainsi sa capacité à faire des prédictions précises au fil du temps. Cependant, cela nécessite souvent une grande quantité de données étiquetées et une intervention humaine importante pour affiner et optimiser les modèles.

L'apprentissage en profondeur, quant à lui, exploite des réseaux neuronaux artificiels comportant plusieurs couches "profondes" de neurones artificiels. Cela permet au modèle d'apprendre de manière autonome un large éventail de fonctions et de caractéristiques à partir des données, ce qui réduit la nécessité d'étiqueter et d'affiner manuellement les modèles. Cette capacité d'auto-apprentissage rend l'apprentissage profond particulièrement efficace pour des tâches telles que la reconnaissance d'images et la traduction automatique, où la caractéristique ou le modèle à apprendre peut être extrêmement complexe et difficile à définir en termes de règles codées manuellement.

En fin de compte, le choix entre l'apprentissage automatique traditionnel et l'apprentissage profond dépend de la nature du problème, de la quantité et du type de données disponibles, et des ressources informatiques disponibles.

L'apprentissage profond a fait preuve d'une polyvalence remarquable dans une variété d'applications du monde réel, influençant profondément la façon dont nous vivons, travaillons et interagissons avec le monde.

Dans le domaine de la vision artificielle, les réseaux neuronaux convolutifs, une forme d'apprentissage profond, révolutionnent la manière dont les machines voient et interprètent les images. Qu'il s'agisse du diagnostic médical automatisé, de la reconnaissance des tumeurs dans les radiographies et les IRM, ou de la reconnaissance faciale dans les téléphones portables, ces technologies révolutionnent notre interaction avec les machines.

Dans le domaine du langage naturel, les réseaux neuronaux récurrents et Transformer, qui sont également des formes d'apprentissage profond, permettent aux machines d'avoir une compréhension sémantique du langage. Cela a ouvert la voie à des services tels que des traducteurs automatiques de haute qualité, des assistants virtuels et des systèmes de réponse aux questions.

En outre, l'apprentissage profond est à l'origine de la plupart des avancées récentes dans le domaine de l'autonomie des véhicules. Les réseaux neuronaux convolutifs sont utilisés pour interpréter les données des capteurs et prendre des décisions en matière de conduite.

Ce ne sont là que quelques exemples des applications de l'apprentissage profond. Le domaine évolue rapidement et de nouvelles applications et innovations apparaissent régulièrement. L'avenir de l'apprentissage profond est prometteur, avec des possibilités infinies d'applications innovantes et révolutionnaires.

Ces dernières années, le domaine de l'apprentissage profond a connu une explosion d'innovations. Ces développements repoussent sans cesse les limites de ce qui est possible avec les réseaux neuronaux, en introduisant de nouveaux modèles, de nouvelles techniques et de nouvelles applications. Le plus surprenant, c'est que l'apprentissage profond continue de faire preuve d'une polyvalence et d'une capacité d'apprentissage sans précédent.

La reconnaissance du langage naturel (NLP) est l'un des domaines où l'apprentissage profond a eu un impact significatif. Des modèles tels que BERT, GPT et Transformer ont révolutionné la manière dont les machines comprennent et génèrent le langage. Ces modèles peuvent comprendre le contexte et la sémantique des phrases, ce qui permet des conversations plus naturelles et interactives avec les machines.

Dans le domaine de la vision par ordinateur, le Deep Learning a permis une plus grande précision dans la reconnaissance d'images et de vidéos. Les réseaux de neurones convolutifs (CNN) sont devenus la norme en matière de classification et de reconnaissance d'images. Des innovations telles que les réseaux résiduels (ResNets) et les réseaux neuronaux génératifs (GAN) ont permis aux machines de générer des images réalistes à partir de rien.

Un autre développement intéressant est l'utilisation du Deep Learning dans le secteur de la santé. L'application du Deep Learning dans ce domaine a permis le traitement et l'analyse de grandes quantités de données médicales, dans le but d'améliorer le diagnostic et le traitement de diverses conditions médicales.

Malgré ces développements, le domaine de l'apprentissage profond n'en est encore qu'à ses débuts. De nouvelles architectures, telles que les réseaux de capsules et les réseaux d'auto-attention, ont vu le jour et pourraient révolutionner la manière dont les machines apprennent à partir des données. De même, la combinaison de différentes techniques d'apprentissage, telles que l'apprentissage par renforcement et l'apprentissage profond, ouvre de nouvelles possibilités.

L'aspect le plus passionnant de ces innovations est que nous ne savons pas encore quelles seront les prochaines frontières de l'apprentissage profond. À mesure que la puissance de calcul augmente et que d'énormes quantités de données deviennent disponibles, il est probable que nous verrons encore plus d'innovations dans un avenir proche, qui continueront à transformer notre monde d'une manière que nous ne pouvons même pas imaginer.

Malgré les nombreuses innovations et l'utilisation croissante de l'apprentissage profond dans divers domaines, il est important de reconnaître qu'il s'agit encore d'une technologie en développement qui doit surmonter un certain nombre de défis et de limites.

Tout d'abord, l'efficacité du Deep Learning dépend fortement de la quantité de données disponibles. C'est un avantage lorsque les données sont abondantes, mais cela devient un problème lorsque les données sont rares ou lorsque l'objectif est de faire des prédictions sur des événements rares. En outre, la qualité des données est cruciale ; des données de mauvaise qualité ou mal représentées peuvent conduire à des résultats incorrects ou trompeurs.

En outre, l'apprentissage profond est connu pour être une "boîte noire", en ce sens que les modèles d'apprentissage profond sont souvent complexes et difficiles à interpréter. Cela peut être problématique dans des contextes où il est nécessaire de comprendre le processus de prise de décision du modèle, comme dans les secteurs médical ou juridique.

Un autre défi concerne la consommation d'énergie. L'entraînement des modèles de Deep Learning nécessite une grande puissance de calcul, ce qui peut entraîner une consommation d'énergie importante. Cela soulève des questions quant à la durabilité environnementale des méthodes d'apprentissage profond à grande échelle.

En outre, la sécurité des données et la protection de la vie privée sont des préoccupations majeures dans le domaine de l'apprentissage profond. Les problèmes de confidentialité découlent de la nécessité de collecter et d'analyser de grandes quantités de données, souvent de nature personnelle. Les problèmes de sécurité comprennent la vulnérabilité des modèles d'apprentissage profond aux attaques, telles que celles qui introduisent de petites modifications dans les données d'entrée pour tromper le modèle.

Enfin, l'apprentissage profond doit faire face à des questions éthiques. Il s'agit de questions telles que l'utilisation responsable et le respect des droits de l'homme, l'équité et la non-discrimination, la transparence et la responsabilité. Ces défis représentent des obstacles importants, mais aussi des opportunités d'améliorer et d'affiner les techniques d'apprentissage profond. Relever ces défis nécessitera des efforts de recherche considérables et des collaborations entre différentes disciplines, notamment l'informatique, les statistiques, l'éthique, le droit et bien d'autres encore.

Malgré les défis auxquels nous sommes encore confrontés aujourd'hui, l'apprentissage profond a un avenir extrêmement prometteur. Le potentiel de cette technologie est énorme et, à mesure que la recherche progresse et s'attaque aux limites actuelles, nous pourrions assister à des changements encore plus radicaux dans divers domaines.

Les applications de l'apprentissage profond continueront à se multiplier, du diagnostic médical à la conduite autonome, de la reconnaissance vocale à la traduction automatique, pour n'en citer que quelques-unes. Les réseaux neuronaux continueront également d'évoluer et deviendront de plus en plus sophistiqués, ce qui permettra d'améliorer la précision, la vitesse et les capacités de généralisation des modèles d'apprentissage automatique.

Parallèlement, nous assisterons probablement à une augmentation de la recherche sur la manière de rendre l'apprentissage profond plus interprétable et transparent. Cela permettra non seulement d'améliorer l'efficacité des modèles, mais aussi de renforcer la confiance du public dans la technologie.

Un autre domaine clé de croissance sera l'IA responsable, qui mettra de plus en plus l'accent sur la vie privée, l'équité, la responsabilité et l'éthique dans l'application de l'apprentissage profond. Il s'agit notamment de développer des méthodes pour former des modèles d'apprentissage profond avec moins de données, des méthodes pour s'assurer que les modèles ne perpétuent pas les préjugés et la discrimination, et des approches pour s'assurer que les décisions prises par les modèles d'IA sont compréhensibles et responsables.

Enfin, nous n'en sommes qu'au début de l'exploration de la manière dont l'apprentissage profond peut être intégré à d'autres technologies émergentes, telles que la réalité virtuelle et augmentée, l'internet des objets, la blockchain et l'informatique quantique. Les synergies entre ces technologies pourraient conduire à des innovations révolutionnaires qui changeront notre façon de vivre et de travailler.

En résumé, l'avenir du Deep Learning est radieux et plein de potentiel. Bien qu'il reste de nombreux défis à relever, les opportunités sont énormes. Grâce à la poursuite de la recherche, de l'innovation et de la collaboration, l'apprentissage profond continuera à transformer le monde d'une manière que nous pouvons à peine imaginer aujourd'hui. Nous sommes impatients de voir ce que l'avenir nous réserve !

CHAPITRE 4 : L'IA DANS L'INDUSTRIE : TRANSFORMATION ET INNOVATION

L'intelligence artificielle transforme le secteur des soins de santé de manière révolutionnaire, rendant les soins aux patients plus efficaces, plus personnalisés et plus accessibles.

L'IA est utilisée pour automatiser les processus manuels, réduire les erreurs et améliorer l'efficacité. Par exemple, les algorithmes d'apprentissage automatique peuvent analyser rapidement de grandes quantités de données cliniques afin d'identifier des modèles et des tendances, aidant ainsi les médecins à poser des diagnostics plus précis et plus rapides.

Dans le domaine de l'imagerie médicale, les systèmes d'IA peuvent analyser les radiographies avec autant de précision, sinon plus, que les experts humains, ce qui permet de détecter à un stade précoce les signes de maladies telles que les tumeurs ou les anévrismes cérébraux. Cela pourrait réduire considérablement le temps nécessaire à l'établissement d'un diagnostic, augmentant ainsi les chances d'un traitement efficace.

La télémédecine, rendue possible par l'IA, permet aux patients de recevoir des conseils médicaux à distance, améliorant ainsi l'accès aux soins pour les personnes vivant dans des zones rurales ou éloignées, ou pour celles qui ne peuvent pas se déplacer. En outre, les assistants virtuels basés sur l'IA peuvent fournir des conseils de base en matière de soins de santé, réduisant ainsi la pression sur les professionnels de la santé et leur permettant de se concentrer sur des cas plus graves.

Dans le domaine de la recherche médicale, l'IA peut accélérer le développement de nouveaux médicaments. Par exemple, l'IA peut être utilisée pour prédire comment les molécules se combineront pour former de nouveaux médicaments, réduisant ainsi le temps et le coût de la découverte de nouveaux médicaments.

Enfin, l'IA peut jouer un rôle clé dans les soins personnalisés et préventifs. Les appareils portables et les applications de santé utilisent l'IA pour surveiller l'état de santé des utilisateurs et leur fournir des conseils personnalisés. Cela peut contribuer à prévenir les maladies et à gérer plus efficacement les affections chroniques.

Si l'IA offre d'énormes possibilités d'améliorer les soins de santé, elle doit également relever des défis importants, tels que la confidentialité des données et les questions de sécurité, l'équité dans l'accès aux technologies de l'IA et la nécessité de veiller à ce que les décisions médicales basées sur l'IA soient transparentes et puissent être expliquées. Malgré ces défis, le potentiel de l'IA dans les soins de santé est immense et son impact continuera de croître dans les années à venir.

La finance, un secteur traditionnellement basé sur les chiffres, l'analyse et les prévisions, a accueilli l'IA à bras ouverts, profitant de sa capacité à traiter d'énormes volumes de données, à prédire des tendances et à automatiser des processus complexes.

Commençons par le trading. L'IA a complètement révolutionné la manière dont se déroulent les transactions financières. Les algorithmes de trading à haute fréquence alimentés par l'IA peuvent exécuter des transactions en quelques fractions de seconde, bien plus rapidement qu'un humain. Ces algorithmes peuvent également surveiller en permanence les marchés financiers mondiaux, détecter les modèles et les tendances et prendre des décisions de négociation sur la base de ces informations, éliminant ainsi le facteur humain de l'erreur et de l'émotion.

En outre, l'IA est devenue un outil précieux pour les institutions financières dans la détection des fraudes. Les algorithmes d'apprentissage automatique peuvent analyser des millions de transactions, détecter des schémas et identifier des comportements suspects de manière beaucoup plus efficace que n'importe quelle méthode manuelle. Dans le secteur du service à la clientèle, l'IA est au cœur d'une innovation importante. Les chatbots basés sur l'IA, par exemple, peuvent traiter un large éventail de demandes des clients, de la résolution de problèmes simples aux opérations bancaires de base. Ils permettent non seulement de libérer le personnel pour des tâches plus complexes, mais aussi d'améliorer l'expérience client en rendant le service disponible 24 heures sur 24 et 7 jours sur 7.

Les innovations en matière d'IA transforment également le conseil financier. Les robots-conseillers utilisent des algorithmes pour analyser le profil de risque d'un client, ses objectifs financiers et les conditions du marché afin de lui fournir des conseils d'investissement personnalisés. Cela rend les conseils financiers plus accessibles à un plus grand nombre d'investisseurs.

Cependant, malgré ces développements prometteurs, l'IA dans le secteur financier n'est pas sans poser de problèmes. Les questions de la sécurité des données, de la transparence des algorithmes et de l'impact de l'automatisation croissante sur les emplois doivent être abordées à mesure que le secteur évolue vers un avenir de plus en plus axé sur l'IA.

Le secteur des transports est l'un des domaines où la mise en œuvre de l'IA s'est considérablement développée. L'automatisation et l'IA transforment tout, des véhicules privés à la logistique et au transport de marchandises.

En ce qui concerne les véhicules privés, les voitures autonomes sont probablement l'exemple le plus connu de l'IA dans les transports. Ces véhicules utilisent une combinaison de capteurs, de caméras et d'algorithmes d'apprentissage automatique pour naviguer dans leur environnement, reconnaître les objets et les piétons, et prendre des décisions de conduite. Bien qu'il reste encore de nombreux défis techniques, législatifs et de sécurité à relever, les voitures autonomes ont le potentiel de transformer radicalement la façon dont nous nous déplaçons.

Dans le domaine de la logistique et du transport de marchandises, l'IA est utilisée pour optimiser les itinéraires de livraison, prédire les délais de livraison et surveiller l'état des véhicules et des marchandises en temps réel. Par exemple, les algorithmes d'apprentissage automatique peuvent analyser un large éventail de données - y compris les conditions météorologiques, les conditions de circulation, les données historiques de livraison - pour calculer l'itinéraire le plus efficace. Cela peut conduire à des réductions de coûts significatives et à des améliorations de l'efficacité.

Un autre aspect intéressant de l'IA dans les transports est l'utilisation de drones pour livrer des marchandises. Bien que cette technologie n'en soit qu'à ses débuts, des entreprises expérimentent déjà l'utilisation de drones dotés d'IA pour effectuer des livraisons dans des zones éloignées ou difficiles d'accès.

Enfin, l'IA contribue à rendre les transports plus sûrs. Les algorithmes d'apprentissage automatique peuvent aider à prédire et à prévenir les accidents en analysant un large éventail de données, notamment les données relatives aux véhicules, les conditions météorologiques et les informations sur le trafic.

En résumé, l'IA ouvre de nouvelles voies dans le secteur des transports, avec le potentiel de le rendre plus efficace, plus sûr et plus durable. Toutefois, comme pour toutes les technologies émergentes, il sera important de relever les défis et de répondre aux préoccupations éthiques qui se feront jour, afin de s'assurer que ces innovations profitent à tous.

L'IA transforme également le secteur de l'éducation, en rendant l'apprentissage plus personnalisé, plus accessible et plus efficace. Des systèmes de tutorat intelligents aux programmes d'apprentissage adaptatif, l'IA modifie la façon dont les étudiants apprennent et les enseignants enseignent.

Les systèmes de tutorat intelligents utilisent l'IA pour fournir un retour d'information personnalisé aux étudiants, en adaptant le matériel d'apprentissage aux besoins et aux capacités de chacun. Ce type d'apprentissage personnalisé peut aider les élèves à combler leurs lacunes et à progresser à leur propre rythme. Il permet également aux enseignants de suivre les progrès des élèves en temps réel et d'intervenir si nécessaire.

L'apprentissage à distance est un autre domaine où l'IA a un impact. L'IA peut faciliter l'apprentissage en ligne en fournissant des outils d'apprentissage interactifs, en soutenant les forums de discussion et en fournissant des ressources d'apprentissage personnalisées. En outre, l'IA peut aider à surmonter les barrières géographiques et linguistiques, rendant l'éducation accessible à un public plus large.

Dans l'enseignement supérieur, l'IA peut aider les universités à améliorer les processus d'admission et la planification des programmes. Par exemple, les algorithmes d'apprentissage automatique peuvent analyser les données historiques pour prédire la probabilité de réussite des étudiants et identifier les cours et les parcours d'études les plus efficaces.

Enfin, l'IA peut jouer un rôle crucial dans l'apprentissage tout au long de la vie et la mise à jour des compétences. Avec l'évolution rapide du monde du travail, la nécessité d'un apprentissage et d'une mise à jour constants est devenue une réalité pour de nombreux travailleurs. L'IA peut fournir des solutions d'apprentissage personnalisées et flexibles qui s'adaptent aux besoins des apprenants individuels et à leur rythme de vie.

Cependant, l'utilisation de l'IA dans l'éducation présente également des défis. Les préoccupations concernent la confidentialité des données, l'équité de l'apprentissage basé sur l'IA et la nécessité de maintenir l'interaction humaine dans le processus d'apprentissage. Il sera essentiel d'aborder ces questions pour que l'IA puisse être utilisée efficacement afin d'améliorer l'éducation pour tous.

L'industrie manufacturière est l'un des secteurs qui a le plus adopté l'intelligence artificielle. L'IA a révolutionné la fabrication, en automatisant les processus, en améliorant l'efficacité et en contribuant à créer un environnement de production plus sûr.

L'un des aspects les plus révolutionnaires de l'IA dans l'industrie manufacturière est l'automatisation. Les robots industriels, guidés par des algorithmes d'apprentissage automatique, sont capables d'effectuer toute une série de tâches avec précision et cohérence, réduisant ainsi le risque d'erreur humaine. Ces robots ne se contentent pas d'effectuer des tâches répétitives, ils sont également capables d'apprendre et de s'adapter à de nouvelles conditions, ce qui rend la production plus agile et plus flexible.

En outre, l'IA peut contribuer à optimiser l'efficacité de la production. Les algorithmes d'apprentissage automatique peuvent analyser les données de production pour identifier les goulets d'étranglement, prédire les défaillances des équipements et optimiser la planification de la production. Cela peut conduire à une réduction des temps d'arrêt, à une amélioration de la qualité des produits et à une augmentation de la productivité.

L'IA peut également contribuer à créer un environnement de production plus sûr. Par exemple, les systèmes de vision artificielle peuvent surveiller l'environnement de production pour détecter les dangers éventuels ou les comportements à risque. En outre, l'IA peut être utilisée pour former les travailleurs en leur fournissant des simulations réalistes qui leur permettent d'acquérir de l'expérience dans un environnement sûr.

Cependant, l'adoption de l'IA dans l'industrie manufacturière présente également des défis. L'automatisation, les pertes d'emploi et la nécessité de former les travailleurs à de nouvelles compétences suscitent des inquiétudes. En outre, l'IA peut entraîner des problèmes de sécurité des données et de protection de la vie privée, qui doivent être correctement gérés.

Malgré ces défis, l'IA offre d'énormes possibilités pour l'industrie manufacturière. Avec une mise en œuvre adéquate, l'IA peut contribuer à créer une industrie manufacturière plus efficace, plus flexible et plus sûre.

Le secteur du commerce de détail connaît une profonde transformation grâce à l'intelligence artificielle. Des systèmes de recommandation personnalisés aux prévisions de ventes, l'IA modifie la manière dont les détaillants interagissent avec leurs clients et gèrent leurs activités.

L'une des applications les plus répandues de l'IA dans le commerce de détail est celle des systèmes de recommandation. Ces systèmes utilisent des algorithmes d'apprentissage automatique pour analyser les données d'achat des clients et fournir des recommandations personnalisées. Cela permet non seulement d'améliorer l'expérience client, mais aussi d'augmenter les ventes.

L'IA peut également être utilisée pour optimiser la gestion des stocks. Les algorithmes d'apprentissage automatique peuvent analyser les données de vente pour prédire la demande future et déterminer le niveau de stock optimal. Cela permet de réduire les coûts d'inventaire et de minimiser le risque de rupture de stock. Une autre application de l'IA dans le commerce de détail est l'automatisation du service client. Les chatbots, par exemple, peuvent traiter une variété de demandes des clients, libérant ainsi le personnel du service client pour traiter des questions plus complexes.

Cependant, l'utilisation de l'IA dans le commerce de détail présente également des défis. Par exemple, la personnalisation peut susciter des inquiétudes quant à la confidentialité des données des clients. En outre, l'automatisation peut avoir un impact sur le travail dans le secteur de la vente au détail.

Malgré ces défis, l'IA offre d'énormes opportunités pour le commerce de détail. Avec une mise en œuvre adéquate, l'IA peut améliorer l'efficacité opérationnelle, personnaliser l'expérience client et transformer la façon dont les détaillants font des affaires.

Dans le secteur du divertissement, l'IA a ouvert de nouvelles frontières à la créativité et à l'innovation. Du cinéma à la musique en passant par les jeux vidéo et les médias sociaux, l'IA modifie la façon dont nous créons et apprécions le divertissement.

Au cinéma, l'IA est utilisée pour améliorer la production d'effets spéciaux. Par exemple, des algorithmes d'apprentissage automatique peuvent être formés pour reconnaître et manipuler des éléments spécifiques d'une scène, ce qui simplifie le processus de post-production. L'IA est également utilisée pour générer des animations de personnages réalistes et pour créer des scénarios virtuels. Dans le domaine de la musique, l'IA a été utilisée pour composer de nouvelles chansons et de nouveaux morceaux de musique. Les algorithmes d'apprentissage profond peuvent analyser de grandes quantités de musique et apprendre les structures et les modèles qui définissent les différents genres musicaux. Cela permet de générer de nouvelles musiques qui reflètent ces styles.

Dans le domaine des jeux vidéo, l'IA est utilisée pour créer des personnages non joueurs (PNJ) plus réalistes et pour personnaliser l'expérience de jeu. Par exemple, des algorithmes d'apprentissage automatique peuvent être utilisés pour adapter le comportement des PNJ en fonction des actions du joueur.

Dans les médias sociaux, l'IA est utilisée pour filtrer et personnaliser le contenu. Par exemple, les algorithmes d'apprentissage automatique peuvent être formés pour reconnaître et filtrer les contenus inappropriés ou offensants.

Malgré ses nombreuses applications, l'utilisation de l'IA dans l'industrie du divertissement présente également des défis. Par exemple, la question de la propriété intellectuelle des œuvres créées par l'IA est encore débattue. En outre, l'IA peut susciter des inquiétudes quant au respect de la vie privée et à la sécurité des données.

Malgré ces défis, l'IA a un énorme potentiel pour transformer l'industrie du divertissement. Avec les bonnes garanties, l'IA peut enrichir notre expérience du divertissement et ouvrir de nouvelles possibilités de créativité.

CHAPITRE 5 : NAVIGUER DANS LE PAYSAGE DE L'IA : UN GUIDE PRATIQUE

Nous vivons à une époque où l'intelligence artificielle devient de plus en plus omniprésente dans nos vies. Des suggestions personnalisées sur les plateformes de streaming aux assistants virtuels dans nos téléphones, en passant par les systèmes de reconnaissance faciale et les solutions commerciales basées sur les données, l'IA redéfinit notre façon de vivre, de travailler et de jouer.

Dans ce contexte, la maîtrise de l'IA, c'est-à-dire la compréhension de base de ce qu'est l'IA, de son fonctionnement et de son application, devient cruciale. Être analphabète en matière d'IA aujourd'hui équivaut à être analphabète numérique au début de l'ère de l'information : cela limite notre capacité à comprendre le monde qui nous entoure et à prendre des décisions en connaissance de cause.

La maîtrise de l'IA nous permet de comprendre les implications des technologies de l'IA, d'évaluer de manière critique les affirmations faites à leur sujet et de jouer un rôle actif dans la manière dont ces technologies influenceront notre société. Elle nous permet de faire des choix éclairés - en tant que consommateurs, professionnels et citoyens - sur la manière dont nous utilisons l'IA, et de comprendre les risques et les opportunités qu'elle présente.

En outre, la connaissance de l'IA est essentielle pour garantir une adoption efficace et responsable de l'IA dans les organisations. Les dirigeants et les gestionnaires doivent comprendre ce que l'IA peut et ne peut pas faire, et comment elle peut être appliquée pour résoudre des problèmes réels. Ils doivent être en mesure de distinguer la valeur réelle de l'IA du battage médiatique et de s'orienter dans le paysage des produits et services d'IA.

Connaître l'IA ne signifie pas devenir un expert en IA ou apprendre à programmer des algorithmes d'apprentissage automatique. Il s'agit de développer une compréhension de base de l'IA, de son potentiel et de ses limites, ainsi que des implications éthiques et sociales de son utilisation.

En conclusion, la maîtrise de l'IA est une condition essentielle à l'ère de l'IA. Il s'agit d'un investissement dans notre avenir et d'une compétence clé pour naviguer avec succès dans le monde de plus en plus numérisé et axé sur les données dans lequel nous vivons. À l'ère de l'IA, il est plus que jamais nécessaire que les gens acquièrent les compétences dont ils ont besoin pour prospérer dans un environnement en évolution rapide. Cela ne signifie pas que chacun doive devenir un développeur d'IA ou un expert en données, mais qu'il est de plus en plus nécessaire de comprendre le fonctionnement de l'IA et la manière dont elle peut être utilisée efficacement.

Concrètement, cela pourrait signifier développer des compétences en matière de maîtrise des données, ce qui inclut la capacité de comprendre, d'interpréter et de communiquer des données de manière efficace. Ces compétences sont de plus en plus demandées dans tous les secteurs, car les décisions commerciales reposent de plus en plus sur des données et des analyses.

Pour ceux qui travaillent dans des domaines plus techniques, il peut s'avérer nécessaire d'acquérir des compétences plus avancées en matière d'apprentissage automatique et de programmation de l'IA. Ces compétences sont très recherchées et peuvent ouvrir la porte à un large éventail d'opportunités professionnelles.

En outre, il ne faut pas oublier l'importance des compétences non techniques dans un monde dominé par l'IA. La créativité, la pensée critique, la résolution de problèmes et les compétences en matière de leadership deviendront de plus en plus importantes à mesure que les machines seront capables d'effectuer des tâches routinières et prévisibles.

Pour les entreprises, le défi consiste à s'assurer que leurs employés possèdent les compétences nécessaires pour exploiter efficacement l'IA. Cela peut nécessiter un investissement important dans la formation et le développement, ainsi qu'un engagement à long terme pour créer une culture de l'apprentissage continu.

En résumé, l'ère de l'IA requiert un nouvel ensemble de compétences, allant de la maîtrise des données à la programmation de l'IA, en passant par les compétences non techniques. Tant au niveau individuel qu'au niveau de l'entreprise, il est essentiel de développer ces compétences pour prospérer dans un monde de plus en plus dominé par l'IA.

Alors que l'IA continue de transformer le monde du travail, il devient de plus en plus essentiel de comprendre comment exploiter cette puissante technologie dans votre carrière, quel que soit votre secteur d'activité.

Au niveau le plus élémentaire, l'IA peut vous aider à améliorer votre productivité et votre efficacité sur le lieu de travail. Par exemple, il peut être possible d'utiliser des outils d'IA pour automatiser des processus de travail routiniers, libérant ainsi un temps précieux qui peut être consacré à des tâches plus stratégiques et à forte valeur ajoutée. Les assistants virtuels, par exemple, deviennent de plus en plus sophistiqués et sont désormais capables de gérer une série de tâches administratives, telles que la planification de réunions ou la réponse à des courriels de routine.

En outre, l'IA offre également d'énormes possibilités aux professionnels travaillant dans des domaines tels que la santé, la finance, l'éducation et autres. Dans ces domaines, l'IA peut contribuer à fournir des services de meilleure qualité et plus personnalisés. Par exemple, dans le domaine de la santé, les algorithmes d'IA peuvent aider à prédire les maladies et à personnaliser les traitements, améliorant ainsi les résultats pour les patients. Dans le secteur financier, l'IA peut aider à identifier les tendances et à faire des prédictions plus précises, aidant ainsi les entreprises à prendre des décisions plus éclairées.

Pour tirer le meilleur parti de ces opportunités, il est important d'acquérir une solide compréhension de ce que l'IA peut et ne peut pas faire et de la manière dont elle peut être appliquée dans votre secteur spécifique. Cela peut nécessiter d'investir dans la formation ou d'acquérir de nouvelles compétences, telles que la maîtrise des données ou la programmation de l'IA.

Cependant, il est tout aussi important d'être conscient des limites et des défis associés à l'utilisation de l'IA. Il s'agit notamment de questions telles que la confidentialité des données, l'équité et la transparence des algorithmes, et le risque d'une dépendance excessive à l'égard de la technologie. La résolution de ces problèmes nécessitera non seulement des compétences techniques, mais aussi une solide compréhension des implications éthiques et sociales de l'IA.

En conclusion, utiliser l'IA dans votre carrière ne signifie pas nécessairement devenir un développeur d'IA ou un scientifique des données. Il s'agit plutôt de comprendre comment l'IA peut améliorer votre travail et votre secteur d'activité et de développer les compétences nécessaires pour tirer parti de ces opportunités. Et si l'IA présente certainement des défis, elle offre également d'énormes opportunités à ceux qui sont prêts à apprendre et à s'adapter.

Aujourd'hui, des entreprises de tous secteurs et de toutes tailles découvrent le potentiel de l'IA pour transformer leurs opérations, offrir de nouveaux services, optimiser les processus de prise de décision et créer des avantages concurrentiels durables.

Avant tout, il est essentiel de comprendre que la mise en œuvre de l'IA n'est pas un objectif isolé, mais une évolution stratégique qui doit s'intégrer de manière transparente à l'écosystème existant de l'entreprise. Par conséquent, la transition vers l'IA doit commencer par une réflexion stratégique approfondie. Les entrepreneurs doivent examiner attentivement les aspects de leur entreprise qui pourraient bénéficier le plus de l'application de l'IA, de la chaîne d'approvisionnement au service à la clientèle, de l'analyse des données à la gestion des ressources humaines.

Cependant, la mise en œuvre de l'IA requiert également un certain degré d'expertise technique. Les entreprises doivent investir dans des talents spécialisés dans l'IA ou former le personnel existant. En outre, elles doivent s'assurer que les infrastructures informatiques existantes sont capables de prendre en charge les nouveaux outils et technologies. Il est important de noter que si la technologie est cruciale, elle n'est pas la seule composante de la mise en œuvre de l'IA. De l'adhésion des employés à la conformité réglementaire, de nombreux aspects doivent être pris en compte.

En outre, l'IA peut aider les entreprises à tirer le meilleur parti de leurs données. Les algorithmes d'apprentissage automatique, par exemple, peuvent détecter des modèles et des tendances dans les données de l'entreprise, ce qui permet de prendre des décisions plus éclairées et plus stratégiques. Cette capacité à utiliser les données pour prendre des décisions est l'un des principaux moteurs de l'adoption de l'IA dans les entreprises.

Enfin, il est essentiel de relever les défis éthiques et sécuritaires associés à l'utilisation de l'IA. La gestion responsable des données, la protection de la vie privée des clients, la transparence des algorithmes et l'équité sont autant de questions que les entreprises doivent aborder lorsqu'elles mettent en œuvre l'IA. La clé pour naviguer dans ces questions est de combiner une solide compréhension technique de l'IA avec un engagement en faveur de l'éthique et de la responsabilité.

En résumé, la mise en œuvre de l'IA dans les entreprises est un processus complexe qui nécessite une planification stratégique, un investissement dans les compétences et l'infrastructure, une utilisation responsable des données et une attention constante aux défis éthiques. Cependant, avec une bonne préparation, les entreprises peuvent exploiter l'IA pour stimuler l'innovation, améliorer l'efficacité et obtenir un avantage concurrentiel durable.

Le domaine de l'intelligence artificielle se développe à un rythme tellement accéléré que la réglementation et les lois ont souvent du mal à suivre. Pour agir de manière éthique et légale, il est essentiel que les entreprises, les professionnels et tous ceux qui interagissent avec l'IA comprennent les lois et réglementations en vigueur.

La législation varie d'un pays à l'autre, mais un thème commun est la protection des données et de la vie privée. L'IA reposant largement sur la collecte et l'analyse de grandes quantités de données, la question du traitement de ces données est d'une importance capitale. Par exemple, dans l'Union européenne, le règlement général sur la protection des données (RGPD) impose des exigences strictes en matière de collecte, de stockage et d'utilisation des données personnelles, et des lois similaires sur la protection des données sont en place dans de nombreuses autres juridictions.

Une autre question cruciale est celle de l'éthique de l'IA, notamment en termes d'équité et de transparence. Alors que les progrès technologiques permettent aux machines de prendre des décisions de plus en plus complexes, la question se pose de savoir comment garantir que ces décisions sont équitables et non discriminatoires. Diverses organisations et gouvernements travaillent à l'élaboration de lignes directrices et de réglementations visant à garantir que l'IA fonctionne de manière éthique et équitable.

Enfin, un domaine législatif émergent concerne l'IA autonome, comme les véhicules autonomes ou les armes autonomes. Ces technologies soulèvent des questions juridiques complexes, par exemple : en cas d'accident avec une voiture autonome, qui est responsable ? Malgré la complexité du paysage législatif, une connaissance de base des lois et réglementations relatives à l'IA est essentielle pour toute personne travaillant dans ce domaine. Non seulement cela aide les organisations à éviter d'éventuels problèmes juridiques, mais cela contribue également à promouvoir une utilisation de l'IA qui soit responsable, éthique et dans l'intérêt de tous. Maintenir un dialogue avec des experts juridiques, suivre l'actualité de la législation sur l'IA et participer à des discussions sur ces sujets peut aider à rester à jour sur ces questions importantes.

L'utilisation de l'intelligence artificielle soulève de nombreuses questions éthiques qui vont bien au-delà des considérations juridiques. La question de la responsabilité est au cœur de bon nombre de ces questions. À une époque où les décisions peuvent être prises par des algorithmes, qui doit être tenu pour responsable en cas d'erreurs ou de problèmes ? Cette question ne concerne pas seulement l'aspect juridique, mais aussi les implications morales et éthiques de l'attribution de la responsabilité des actions d'une machine.

Une autre question éthique importante concerne la vie privée et le consentement. Si la collecte et l'analyse des données sont fondamentales pour l'apprentissage automatique, la question se pose de savoir qui détient ces données, comment elles sont utilisées et si les individus ont donné leur consentement éclairé pour leur utilisation. Les organisations doivent trouver un équilibre entre la nécessité de collecter des données pour améliorer leurs services et leurs produits et le respect des droits individuels à la vie privée.

La question de la discrimination est un autre aspect essentiel de l'éthique de l'IA. Les algorithmes d'apprentissage automatique s'appuient sur des données pour faire des prédictions et prendre des décisions, mais que se passe-t-il si les données d'entrée sont biaisées ou empreintes de préjugés ? L'IA risque de perpétuer et d'amplifier les inégalités existantes si l'on ne prend pas garde à la manière dont les algorithmes sont formés et utilisés.

Enfin, il y a la question de l'utilisation de l'IA. Comment l'IA affectera-t-elle le marché du travail ? Quelles seront les conséquences si les machines remplacent les humains dans certaines fonctions ? Et comment pouvons-nous garantir que les avantages de l'IA sont équitablement répartis au sein de la société ?

Ce ne sont là que quelques-unes des questions éthiques que soulève l'IA. En tant que société, il est essentiel que nous continuions à débattre et à réfléchir à ces questions afin de garantir que l'utilisation de l'IA soit éthiquement responsable et bénéfique pour tous. Dans un monde de plus en plus dominé par l'intelligence artificielle, il est essentiel de se préparer de manière adéquate aux changements à venir. Quel que soit le secteur d'activité ou la profession, l'IA aura un impact significatif sur notre façon de vivre et de travailler.

Avant toute chose, il est essentiel que chacun d'entre nous acquière une compréhension de base de l'IA. Nous ne devons pas nécessairement devenir des experts en intelligence artificielle, mais la compréhension de ses fonctionnalités de base, de ses limites et de ses applications potentielles nous permettra de prendre des décisions plus éclairées et plus critiques. Cette sorte de "culture" de l'IA sera une compétence fondamentale à l'avenir.

Deuxièmement, nous devrions essayer de comprendre comment l'IA pourrait affecter notre profession ou notre secteur d'activité. Elle pourrait entraîner l'automatisation de certaines tâches, la création de nouvelles opportunités ou la nécessité d'acquérir de nouvelles compétences. Comprendre ces implications possibles nous aidera à nous préparer au changement et à tirer le meilleur parti des possibilités offertes par l'IA.

Enfin, nous devons réfléchir aux implications sociales et éthiques de l'IA. Il s'agit de questions telles que la confidentialité des données, la discrimination algorithmique et l'équité dans l'accès aux technologies de l'IA. En étant des citoyens actifs et conscients, nous pouvons contribuer à façonner les réglementations et les politiques en matière d'IA d'une manière qui reflète nos valeurs et favorise une société juste et inclusive.

Dans l'ensemble, la préparation d'un avenir fondé sur l'IA nécessite une approche active et réfléchie. Nous ne pouvons pas prédire avec précision comment l'IA changera le monde, mais nous pouvons certainement faire de notre mieux pour nous préparer et contribuer à conduire ce changement de manière positive.

CHAPITRE 6 : L'IMPACT GLOBAL DE L'IA : UN REGARD PLUS APPROFONDI

Nous sommes à un moment de l'histoire où l'innovation technologique et l'environnement se trouvent à un carrefour crucial. D'une part, l'adoption croissante de technologies telles que l'intelligence artificielle a ouvert d'innombrables possibilités de résoudre des problèmes complexes. D'autre part, nous sommes confrontés à une crise climatique sans précédent qui nécessite des solutions urgentes et innovantes. Dans ce contexte, l'intelligence artificielle a un rôle crucial à jouer.

Le potentiel de l'intelligence artificielle pour relever les défis environnementaux est immense. Grâce à sa capacité à analyser d'énormes quantités de données et à en extraire des informations utiles, l'IA peut contribuer de manière significative au suivi et à la prévision du changement climatique. Elle peut par exemple aider à modéliser des scénarios de réchauffement planétaire, à prévoir l'incidence d'événements extrêmes tels que les inondations et les vagues de chaleur, et à surveiller les tendances en matière de déforestation et d'appauvrissement de la biodiversité. En outre, l'IA peut fournir des outils précieux pour promouvoir l'efficacité énergétique et réduire les émissions de carbone. Elle peut être utilisée pour optimiser l'utilisation de l'énergie dans les usines, les bureaux et les habitations, pour améliorer l'efficacité des réseaux de distribution d'énergie et pour faciliter la transition vers les sources d'énergie renouvelables.

Toutefois, il est important de souligner que l'IA n'est pas une solution magique aux problèmes environnementaux. L'utilisation de technologies à forte intensité énergétique, telles que l'apprentissage automatique, peut avoir un impact significatif sur la consommation d'énergie et les émissions de carbone. En outre, l'adoption de solutions basées sur l'IA nécessite un accès égal aux données et à l'expertise technologique, ce qui n'est pas toujours garanti.

En conclusion, l'IA a un rôle crucial à jouer dans notre effort collectif pour lutter contre la crise climatique. Mais il est essentiel que nous le fassions de manière responsable et juste, en veillant à ce que les avantages de l'IA soient partagés équitablement et que son impact sur l'environnement soit soigneusement géré.

L'intelligence artificielle a le potentiel de transformer radicalement les pays en développement, en apportant des changements significatifs dans des secteurs clés tels que l'éducation, la santé et l'agriculture. Toutefois, cet impact peut être à la fois positif et négatif, et il est donc important de comprendre et de relever les défis spécifiques que l'IA présente dans ces contextes. L'un des domaines les plus prometteurs où l'IA peut avoir un impact positif est celui des soins de santé. Dans les pays où les ressources en matière de soins de santé sont limitées, l'IA peut améliorer l'accès et la qualité des soins grâce à la télémédecine, au diagnostic automatisé et à la personnalisation des traitements. Par exemple, elle pourrait être utilisée pour identifier des maladies telles que la tuberculose ou le cancer à un stade précoce, ce qui permettrait de sauver de nombreuses vies.

Dans le domaine de l'éducation, l'IA peut faciliter l'apprentissage personnalisé, en surmontant les barrières géographiques et socio-économiques. Les algorithmes d'apprentissage automatique peuvent adapter le matériel pédagogique aux besoins de chaque élève, ce qui contribue à combler le fossé éducatif.

Dans le secteur agricole, l'IA peut contribuer à optimiser l'utilisation des ressources et à accroître la productivité. Les algorithmes d'apprentissage automatique peuvent prédire les conditions météorologiques, le rendement des cultures et les infestations de parasites, ce qui permet aux agriculteurs de prendre des décisions plus éclairées.

Cependant, l'IA présente également des défis importants.

L'adoption de ces technologies nécessite une infrastructure numérique solide, une expertise technique et une réglementation appropriée, des éléments qui font souvent défaut dans les pays en développement. En outre, l'IA peut exacerber les inégalités existantes si elle n'est pas gérée de manière équitable et inclusive. En conclusion, si l'IA peut apporter des avantages considérables aux pays en développement, il est essentiel de relever ces défis pour garantir que les avantages soient partagés équitablement et que de nouvelles inégalités ne soient pas créées.

La sécurité mondiale est un autre domaine profondément affecté par l'intelligence artificielle. La portée et l'efficacité des opérations de sécurité peuvent être radicalement améliorées par l'utilisation de l'IA, mais son application peut également engendrer de nouvelles menaces et de nouveaux risques. Un examen approfondi est donc nécessaire pour comprendre pleinement les implications de l'IA pour la sécurité mondiale.

L'intelligence artificielle offre d'énormes possibilités d'amélioration des capacités de défense et de sécurité d'un pays. De la reconnaissance d'images utilisée pour améliorer la surveillance aérienne à la prédiction des comportements criminels, l'IA offre un large éventail d'outils utiles pour la sécurité. Par exemple, l'apprentissage automatique peut être utilisé pour analyser d'énormes quantités de données liées à la sécurité en temps réel, améliorant ainsi la rapidité et l'efficacité des opérations de sécurité.

Parallèlement, l'IA peut avoir un impact significatif sur les guerres et les conflits. Avec l'essor des armes autonomes, telles que les drones, le rôle de l'IA dans l'armée est devenu un sujet de discussion au niveau international. Si ces technologies peuvent améliorer l'efficacité des opérations militaires, elles soulèvent également d'importantes questions éthiques et juridiques, telles que la responsabilité des actions autonomes et le risque d'escalade involontaire des conflits.

L'IA peut également être utilisée à des fins malveillantes, comme la cyberguerre et la désinformation. Les algorithmes d'apprentissage automatique peuvent être utilisés pour lancer des cyberattaques sophistiquées ou pour créer des "deepfakes" convaincants, mettant ainsi en péril la stabilité et la sécurité des pays.

Enfin, l'IA peut affecter la sécurité mondiale de manière plus subtile. Elle peut exacerber les inégalités existantes, en alimentant les tensions sociales et politiques. L'automatisation peut entraîner des pertes d'emplois dans certains secteurs, ce qui crée une instabilité sociale et risque d'alimenter les conflits.

Dans l'ensemble, l'IA a le potentiel de transformer radicalement la sécurité mondiale, pour le meilleur ou pour le pire. Il est donc essentiel que les nations et les organisations internationales collaborent à l'établissement de règles et de réglementations pour guider l'utilisation de l'IA dans ce domaine, afin que ses avantages puissent être exploités tout en minimisant les risques.

L'intelligence artificielle a commencé à jouer un rôle important dans le domaine de la santé mondiale, révolutionnant la prévention, le diagnostic, le traitement et la gestion des maladies. De l'analyse des données de santé pour détecter les tendances des maladies à l'automatisation des tâches de routine dans les soins de santé, l'IA est en train de remodeler le paysage de la santé mondiale.

Le potentiel de l'IA pour améliorer les soins de santé est vraiment énorme. Grâce à l'analyse des données de santé, l'IA peut prédire les épidémies avant qu'elles ne surviennent, ce qui permet aux responsables de la santé d'intervenir de manière proactive. De même, les algorithmes d'apprentissage automatique peuvent aider à identifier les patients à risque de maladies chroniques telles que le diabète ou le cancer, ce qui permet une intervention précoce et peut sauver des vies.

En outre, l'IA peut jouer un rôle crucial dans l'amélioration de l'accès aux soins médicaux. Grâce à l'utilisation de chatbots et d'applications de télémédecine, l'IA peut aider à fournir des conseils médicaux à distance, ce qui est particulièrement utile pour les personnes vivant dans des zones rurales ou dans des pays en développement où l'accès aux services de santé peut être limité.

Parallèlement, l'IA peut contribuer à rendre les processus

de soins de santé plus efficaces en réduisant la charge de travail des professionnels de santé et en leur permettant de se concentrer sur des tâches plus complexes. Par exemple, les algorithmes d'apprentissage automatique peuvent être utilisés pour automatiser des tâches de routine telles que la lecture de radiographies ou l'analyse d'échantillons de laboratoire. Cependant, l'IA présente également des défis dans le domaine de la santé. La protection de la vie privée et la sécurité des données sont particulièrement préoccupantes, compte tenu de la sensibilité des données de santé. De même, l'IA peut également exacerber les inégalités existantes en matière de santé si son accès et son utilisation sont principalement concentrés dans les pays ou régions les plus développés.

Malgré ces difficultés, il est clair que l'IA a un énorme potentiel pour transformer la santé mondiale. Toutefois, pour que ce potentiel se concrétise, il est nécessaire d'adopter une approche équilibrée qui tienne compte à la fois des opportunités et des risques associés à l'IA dans les soins de santé.

À l'ère numérique dans laquelle nous vivons, la fracture numérique - l'inégalité dans l'accès et l'utilisation des technologies de l'information et de la communication - est devenue un problème urgent. Alors que certains profitent des possibilités offertes par les technologies de pointe telles que l'IA, d'autres risquent d'être laissés pour compte.

Dans de nombreux pays en développement, l'accès aux technologies telles que l'internet à haut débit, les ordinateurs et les appareils mobiles est limité. Cela empêche les gens d'utiliser les services basés sur l'IA qui nécessitent une connexion à haut débit stable et continue, ou du matériel technologique sophistiqué. En outre, le manque de compétences numériques peut entraver l'adoption et l'utilisation efficace de l'IA.

Dans le contexte de l'IA, la fracture numérique peut avoir des répercussions importantes. Par exemple, alors que les étudiants de certaines régions du monde utilisent l'IA pour personnaliser leur apprentissage, les enfants des zones rurales ou pauvres peuvent ne pas avoir accès à de telles ressources. De même, si l'IA peut aider les entreprises à améliorer leur efficacité et leur rentabilité, les PME qui n'ont pas accès à l'IA ou qui ne peuvent pas l'utiliser risquent de se retrouver dans une situation désavantageuse sur le plan de la concurrence.

L'IA peut toutefois contribuer à réduire la fracture numérique. Par exemple, les technologies basées sur l'IA peuvent être utilisées pour fournir des services d'éducation et de soins de santé à distance, rendant ainsi ces services plus accessibles aux personnes vivant dans les zones rurales ou dans les pays en développement. De même, l'IA peut être utilisée pour développer des solutions peu coûteuses d'accès à l'internet, telles que des drones ou des satellites de haute altitude pour fournir une connectivité à l'internet dans les régions éloignées.

Toutefois, pour que l'IA puisse jouer un rôle efficace dans la réduction de la fracture numérique, il est essentiel que les politiques et stratégies d'inclusion numérique soient inclusives et ciblées. Cela signifie qu'il faut garantir l'accès à une infrastructure numérique fiable et abordable, promouvoir la culture numérique et veiller à ce que l'IA et ses applications soient accessibles et utiles à tous, quel que soit leur milieu socio-économique.

Le débat sur l'impact de l'IA sur le travail est intense et souvent polarisé. Nombreux sont ceux qui craignent que l'automatisation induite par l'IA n'entraîne une perte importante d'emplois, les machines remplaçant les humains dans de nombreux rôles et professions. Dans le même temps, certains affirment que l'IA, comme toute avancée technologique, créera de nouvelles opportunités d'emploi, compensant ainsi les emplois perdus.

Il est indéniable que l'IA modifie le paysage du travail. L'automatisation a déjà révolutionné des secteurs tels que la fabrication et la logistique, les robots effectuant des tâches répétitives ou dangereuses de manière plus efficace et plus sûre que les humains. Parallèlement, l'IA commence à jouer un rôle dans des professions qui exigent des compétences cognitives plus poussées, comme la médecine, le droit ou le journalisme.

Cela peut sembler inquiétant, mais il est important de se rappeler que la technologie a toujours façonné le marché du travail. L'IA ne fait pas exception. Si certains emplois deviendront obsolètes, d'autres seront transformés et de nouveaux rôles apparaîtront. L'IA peut également conduire à des améliorations de la productivité et de l'efficacité qui peuvent stimuler la croissance économique et la création de nouveaux emplois.

Le défi consiste à assurer une transition équitable. Cela nécessitera des stratégies de formation et de recyclage de la main-d'œuvre, l'amélioration des systèmes éducatifs pour doter les gens des compétences dont ils ont besoin pour prospérer à l'ère de l'IA, et des politiques pour soutenir ceux qui sont touchés par l'automatisation.

Enfin, l'IA peut également contribuer à créer des emplois plus gratifiants. En libérant les humains des tâches répétitives et routinières, l'IA peut leur permettre de se concentrer sur les aspects du travail qui requièrent de la créativité, de l'intuition, de l'empathie et des compétences interpersonnelles - des domaines dans lesquels les humains sont encore plus performants que les machines. En ce sens, l'IA ne fait pas que changer le travail, elle pourrait aussi l'améliorer. Lorsque nous pensons à l'intelligence artificielle, il est facile de se concentrer sur ses applications techniques ou sur ses implications en matière d'économie et d'emploi. Cependant, l'IA a également un impact profond sur notre culture - elle influence notre façon de vivre, de travailler, de communiquer et d'interagir avec le monde qui nous entoure.

Dans un sens, l'IA est une lentille à travers laquelle nous nous explorons et nous nous comprenons nous-mêmes et notre société. Elle nous oblige à nous interroger sur ce que signifie être humain, à réfléchir à nos valeurs et à reconsidérer notre place dans le monde. D'une part, elle nous donne des outils extraordinairement puissants pour façonner le monde selon nos désirs. D'autre part, elle nous confronte à des questions difficiles sur le contrôle, l'autonomie, la vie privée et l'équité.

Parallèlement, l'IA transforme le paysage culturel de manière tangible. Elle modifie la façon dont nous produisons et consommons les médias, de l'information au divertissement. Les algorithmes d'apprentissage automatique alimentent désormais nos fils d'actualité, nous suggèrent des films et de la musique en fonction de nos goûts personnels, et commencent même à créer du contenu, de la peinture à l'art génératif, de l'écriture de scénarios au traitement de la musique.

En outre, l'IA modifie la manière dont nous interagissons avec la technologie et les autres. Les assistants vocaux comme Siri ou Alexa, par exemple, nous habituent à interagir avec les machines comme s'il s'agissait d'êtres humains. Les applications de médias sociaux utilisent l'IA pour modérer le contenu et personnaliser nos expériences en ligne.

Enfin, l'IA influence notre vision de l'avenir et notre imagerie culturelle. Des films de science-fiction aux romans dystopiques, des séries télévisées aux jeux vidéo, l'IA est au cœur de nombreux récits culturels contemporains.

Par tous ces moyens et bien d'autres encore, l'IA façonne notre culture. Le défi consiste à faire en sorte que cette transformation se fasse dans le respect et la valorisation de la diversité humaine, en promouvant l'équité et la justice, et en renforçant plutôt qu'en érodant les valeurs qui nous sont chères.

CHAPITRE 7 :
PERSPECTIVES D'AVENIR :
L'AVENIR DE L'IA ET
DE L'APPRENTISSAGE
AUTOMATIQUE

L'informatique quantique est l'un des développements les plus passionnants de la technologie contemporaine. Cette nouvelle forme de traitement de l'information promet de révolutionner l'industrie de l'information, en offrant d'énormes augmentations de vitesse et de puissance de calcul par rapport aux ordinateurs numériques traditionnels. Et, peut-être plus important encore, l'informatique quantique pourrait représenter un changement fondamental dans la voie sur laquelle l'intelligence artificielle est actuellement engagée.

Contrairement aux ordinateurs classiques, qui traitent l'information en termes de bits - unités d'information qui ne peuvent prendre que deux valeurs, 0 ou 1 - les ordinateurs quantiques utilisent ce que l'on appelle des "qubits". Ceux-ci peuvent exister dans un état de superposition, dans lequel ils peuvent représenter à la fois 0 et 1. Cela permet aux ordinateurs quantiques de traiter une quantité exponentielle de données par rapport à un ordinateur classique.

Le potentiel du traitement quantique pour l'IA est extraordinaire. Un ordinateur quantique pourrait, en théorie, gérer et traiter d'énormes quantités de données beaucoup plus rapidement qu'un ordinateur traditionnel. Cela pourrait avoir d'énormes implications pour l'apprentissage automatique et l'apprentissage profond, qui dépendent fortement de la capacité à analyser et à interpréter de grandes quantités de données.

En outre, le traitement quantique pourrait permettre de nouvelles approches pour résoudre les problèmes d'IA. Certains problèmes insolubles pour un ordinateur traditionnel - tels que l'optimisation d'une immense quantité de variables simultanément - pourraient devenir gérables avec un ordinateur quantique.

Cependant, malgré ces promesses, il est important de souligner que l'informatique quantique n'en est encore qu'à un stade très précoce de son développement. Bon nombre des problèmes les plus difficiles - tels que la réalisation de qubits stables et l'atténuation des erreurs quantiques - sont encore loin d'être résolus. En outre, l'intégration de l'informatique quantique dans l'IA présente des défis importants, allant de la conception d'algorithmes quantiques à l'adaptation des techniques d'apprentissage automatique à un environnement quantique.

Les villes intelligentes représentent l'un des champs d'application les plus intéressants pour l'intelligence artificielle et l'internet des objets (IdO). L'objectif des villes intelligentes est d'utiliser la technologie pour améliorer la qualité de vie des citoyens, en rendant l'environnement urbain plus efficace, plus sûr et plus durable.

L'intelligence artificielle peut offrir des outils précieux pour concrétiser cette vision. Les systèmes d'IA avancés peuvent analyser d'énormes quantités de données provenant de capteurs et de dispositifs IoT disséminés dans la ville, puis utiliser ces informations pour optimiser les opérations urbaines. Par exemple, l'IA peut être utilisée pour améliorer la gestion du trafic, en prédisant les embouteillages avant qu'ils ne se produisent et en optimisant les feux de circulation pour maintenir la fluidité du trafic.

De même, l'IA peut contribuer à améliorer la durabilité des villes. Les systèmes d'IA peuvent surveiller la consommation d'énergie et d'eau en temps réel, identifier les gaspillages et suggérer des moyens de les réduire. Ils peuvent également prévoir la demande d'énergie et gérer intelligemment les réseaux énergétiques, contribuant ainsi à réduire les émissions de carbone.

L'internet des objets joue un rôle clé dans ce contexte, en fournissant les données que les systèmes d'IA utilisent pour prendre des décisions. Les capteurs de l'IdO peuvent tout surveiller, de la circulation à la qualité de l'air, et fournir un flux continu de données en temps réel. Ces données peuvent ensuite être analysées par des algorithmes d'IA pour générer des idées et des informations utiles. Bien entendu, la mise en œuvre des villes intelligentes présente également des défis. Il y a des questions de confidentialité et de sécurité à prendre en compte, car les capteurs IoT collectent de grandes quantités de données, souvent personnelles. En outre, la gestion et l'analyse des données à une telle échelle nécessitent des ressources importantes et des compétences techniques avancées.

Malgré ces défis, l'avenir des villes intelligentes semble prometteur. À mesure que l'IA et l'IdO continuent de se développer, les villes du monde entier deviennent de plus en plus intelligentes, transformant l'environnement urbain en un lieu plus efficace, plus durable et plus vivable.

Malgré ces défis, l'intérêt pour l'informatique quantique est croissant, tant dans la recherche universitaire que dans l'industrie. Alors que nous continuons à explorer le potentiel de cette technologie révolutionnaire, il est passionnant d'imaginer comment elle pourrait transformer le domaine de l'IA et ouvrir de nouvelles frontières à la connaissance et à l'innovation.

Le traitement du langage naturel (TLN) est un domaine de l'IA qui se concentre sur la compréhension et l'interprétation du langage humain par les machines. C'est grâce aux progrès du NLP que nous pouvons désormais interagir avec nos smartphones, nos assistants virtuels ou nos chatbots d'une manière qui semble presque naturelle.

Les applications du NLP sont multiples et vont de la traduction automatique à la génération automatique de texte et à l'analyse des sentiments dans les médias sociaux. Les algorithmes de NLP sont capables de comprendre et d'interpréter le langage humain sous toutes ses facettes, y compris les ambiguïtés et les nuances de sens.

L'une des principales avancées dans ce domaine est la capacité des machines à comprendre le contexte. Dans le passé, les algorithmes de NLP étaient basés sur des règles rigides et prédéfinies, ce qui ne leur permettait pas de comprendre le contexte ou les nuances du langage. Aujourd'hui, grâce à l'apprentissage profond et à l'apprentissage automatique, les machines sont capables d'apprendre à partir de grandes quantités de données textuelles, ce qui leur permet d'acquérir une compréhension beaucoup plus approfondie du langage humain.

Une autre avancée importante concerne l'interprétation des émotions et des intentions. Des algorithmes de NLP de plus en plus sophistiqués sont capables d'analyser non seulement le contenu textuel, mais aussi le ton, l'émotion et l'intention de l'utilisateur. Cela peut être très utile dans de nombreuses applications, par exemple pour améliorer l'efficacité des chatbots ou pour analyser le sentiment des clients.

Malgré ces avancées, le NLP reste un domaine en pleine évolution. Comprendre le langage humain est un défi extrêmement complexe, qui implique non seulement la grammaire et la sémantique, mais aussi la culture, le contexte et les émotions. Dans un avenir proche, nous nous attendons à voir encore plus d'innovations dans ce domaine, avec des algorithmes de NLP de plus en plus précis et naturels.

L'analyse prédictive est un outil d'intelligence artificielle qui utilise des données historiques et actuelles pour prédire des événements futurs. Ce type d'analyse est devenu fondamental dans de nombreux domaines, permettant aux entreprises et aux organisations de prévoir, par exemple, le comportement des consommateurs, les tendances du marché, les risques de sécurité ou les tendances en matière de santé publique.

L'un des éléments clés de l'analyse prédictive est l'apprentissage automatique, qui permet à ces systèmes d'apprendre à partir des données et d'améliorer leurs prédictions au fil du temps. Les modèles d'apprentissage automatique peuvent reconnaître des schémas complexes dans les données qui peuvent être difficiles, voire impossibles, à détecter pour un analyste humain.

Les applications de l'analyse prédictive sont vastes. Dans le secteur financier, elle peut aider les banques à évaluer les risques des prêts ou à prédire les tendances des marchés boursiers. Dans le domaine du marketing, elle peut aider à prévoir les préférences des consommateurs ou le succès d'une campagne publicitaire. Dans le domaine de la santé, elle peut aider à prévoir l'apparition ou l'évolution d'une maladie.

L'analyse prédictive n'est cependant pas sans poser de problèmes. L'un des principaux problèmes est la qualité des données : la précision des prédictions dépend des données sur lesquelles elles sont basées. Cela signifie qu'il est crucial d'avoir accès à des données précises, complètes et à jour. En outre, la confidentialité et la sécurité des données sont des préoccupations de plus en plus pressantes. Malgré ces défis, l'analyse prédictive a un potentiel énorme. Avec l'avènement de technologies telles que le big data et l'IA, nous ne sommes qu'au début de ce qui pourrait être une période d'innovation incroyable dans le domaine de la prédiction. À l'avenir, l'analyse prédictive pourrait devenir une partie intégrante de notre mode de vie et de notre travail.

La révolution de l'IA a mis au premier plan des questions éthiques cruciales. L'IA pénétrant presque tous les aspects de notre vie, il devient crucial de veiller à ce que ses applications soient éthiques et équitables. L'IA éthique se concentre sur la manière de créer des systèmes d'intelligence artificielle moralement responsables, justes, transparents et respectueux des droits de l'homme.

L'une des questions centrales de l'IA éthique est la création d'algorithmes équitables. La qualité des algorithmes d'apprentissage automatique dépend des données à partir desquelles ils apprennent. Si les données d'apprentissage reflètent les préjugés existants dans la société, les algorithmes peuvent involontairement perpétuer ou même amplifier ces préjugés. Cela a des implications importantes dans de nombreux domaines, tels que les soins de santé, la finance, l'éducation, le droit pénal et d'autres, où les décisions basées sur les algorithmes pourraient avoir un impact significatif sur la vie des gens.

La recherche d'algorithmes équitables n'est pas seulement un problème technique, mais aussi un problème social et réglementaire. Elle nécessite une approche pluridisciplinaire combinant des compétences en informatique, en éthique, en sociologie, en droit et dans d'autres domaines. Les chercheurs travaillent actuellement sur des techniques qui permettent aux algorithmes de reconnaître et de corriger les biais dans les données d'apprentissage, mais il s'agit d'une tâche complexe qui prend du temps.

En outre, la résolution du problème de l'équité des algorithmes nécessite un cadre réglementaire approprié. Les gouvernements et les organisations internationales doivent élaborer des réglementations qui garantissent la transparence des algorithmes, le droit à l'explication et la protection contre l'utilisation discriminatoire de l'IA.

L'avenir de l'IA passe inévitablement par l'IA éthique. Bien que le chemin soit difficile et semé d'embûches, travailler à l'élaboration d'algorithmes justes et responsables est un engagement que la société dans son ensemble doit prendre.

L'expansion de l'IA a soulevé d'importantes questions relatives à la protection de la vie privée. D'une part, l'IA offre un énorme potentiel d'amélioration de la sécurité de l'information, par exemple grâce à des systèmes avancés de cryptage et de détection des menaces. D'autre part, la capacité croissante de l'IA à collecter, analyser et utiliser de grandes quantités de données a suscité des inquiétudes quant à la confidentialité des informations personnelles.

Les applications d'IA peuvent collecter des données sur un individu à partir de diverses sources, notamment les médias sociaux, les appareils IoT, les transactions en ligne et autres. Ces données peuvent être analysées pour tirer des conclusions détaillées sur le comportement, les préférences et la santé d'une personne, entre autres, ce qui crée des risques potentiels pour la vie privée.

À l'avenir, le défi consistera à trouver un équilibre entre

les avantages de l'IA et la nécessité de protéger la vie privée des individus. Cela implique des développements à la fois technologiques et réglementaires. Sur le plan technologique, il existe des domaines de recherche prometteurs tels que le "privacy by design" et l'apprentissage fédéré, qui visent à intégrer la protection de la vie privée directement dans les algorithmes de l'IA.

D'un point de vue réglementaire, il sera important de définir des règles claires sur la manière dont les données peuvent être collectées, utilisées et partagées, et de veiller à ce que les consommateurs aient un contrôle adéquat sur leurs données personnelles. Il s'agit notamment de créer des normes en matière de consentement, de droit d'accès et de rectification des données, et de droit à l'effacement.

Globalement, l'avenir de la protection de la vie privée à l'ère de l'IA sera déterminé par la manière dont nous relèverons ces défis. L'objectif devrait être de construire un avenir dans lequel nous pourrons profiter des avantages de l'IA tout en gardant le contrôle de nos données personnelles et en protégeant nos droits à la vie privée.   Nous sommes à l'aube d'une nouvelle ère, dans laquelle l'intelligence artificielle (IA) imprégnera tous les aspects de notre vie. Mais à quoi ressemblera ce monde post-IA ? Alors que nous nous rapprochons de plus en plus de cette réalité, il est important de réfléchir aux implications qu'elle pourrait avoir pour la société dans son ensemble.

Tout d'abord, il est probable que l'IA aura un impact significatif sur la main-d'œuvre. Avec l'automatisation de nombreuses tâches répétitives, les gens auront la possibilité de s'engager dans un travail plus créatif et intellectuellement stimulant. Toutefois, cela pourrait également entraîner la nécessité d'un recyclage à grande échelle, car certains emplois pourraient devenir obsolètes.

Deuxièmement, les progrès de l'IA pourraient conduire à des améliorations majeures dans des domaines tels que les soins de santé, l'éducation et l'environnement. Par exemple, elle pourrait contribuer à prévenir les maladies en les diagnostiquant à un stade précoce, à personnaliser l'enseignement pour répondre aux besoins individuels des étudiants et à atténuer le changement climatique grâce à une utilisation efficace des ressources.

Toutefois, un monde post-IA pourrait également présenter de nouveaux défis. Par exemple, les questions de vie privée, d'éthique et de sécurité devront être abordées de manière plus globale. En outre, l'utilisation accrue de l'IA soulève la question de l'équité : qui aura accès aux avantages de l'IA et qui sera potentiellement laissé pour compte ?

Enfin, des questions philosophiques plus profondes se posent également. Qu'est-ce que l'intelligence ? Quelle est la place de l'humanité dans un monde où les machines peuvent imiter - voire dépasser - nombre de nos capacités ?

Ce ne sont là que quelques-unes des questions auxquelles nous devrons faire face dans un avenir proche. Pour autant que nous puissions le prévoir, une chose est certaine : le monde de l'après-IA sera profondément différent de celui que nous connaissons aujourd'hui. À mesure que nous avancerons sur cette voie, il sera essentiel de réfléchir à la manière dont nous pourrons façonner cet avenir de manière équitable, durable et bénéfique pour tous.

CHAPITRE DE CONCLUSION

Vous avez fait un long et profond voyage dans le monde de l'intelligence artificielle et de l'apprentissage automatique, en passant par ses concepts de base, ses mécanismes les plus complexes et ses applications les plus avancées. À chaque étape, nous avons vu comment l'IA transforme notre société, nos industries et notre monde.

Le voyage que nous avons fait ensemble à travers ce livre n'est pas seulement une étude théorique : c'est un passage à travers la révolution qui est en train de prendre forme sous nos yeux. Nous avons vu comment les technologies de l'IA ouvrent de nouvelles frontières, comment l'apprentissage automatique modifie nos habitudes quotidiennes et comment l'apprentissage profond repousse les limites de ce que les machines peuvent faire.

Mais le voyage ne s'arrête pas là. Les connaissances que vous avez acquises dans ce livre sont un point de départ, pas un point d'arrivée. L'IA est un domaine en constante évolution, et suivre les nouveaux développements nécessitera un engagement constant en matière d'apprentissage et d'adaptation.

Il est essentiel de se tenir au courant des derniers développements dans le domaine de l'IA. Suivez des blogs, participez à des forums en ligne, assistez à des conférences et à des ateliers. Votre formation continue dans le domaine de l'IA vous permettra de rester au fait de l'évolution rapide de la technologie. L'IA est un domaine où l'apprentissage continu est crucial. Que vous cherchiez à appliquer l'IA dans votre entreprise, à comprendre comment elle affecte votre travail ou simplement à rester informé sur un domaine qui évolue rapidement, l'apprentissage continu sera votre allié le plus important.

La révolution de l'IA apporte des changements significatifs à de nombreux aspects de notre société. Ces changements peuvent être intimidants, mais ils constituent également une opportunité. En acceptant ces changements, nous pouvons exploiter le potentiel de l'IA pour améliorer nos vies et notre monde.

La révolution de l'IA est en marche et elle progresse rapidement. Ce livre vous a donné les outils nécessaires pour comprendre cette révolution et naviguer dans son monde complexe. Mais, comme nous l'avons dit, votre formation à l'IA est un voyage permanent.

Chacun d'entre nous a un rôle à jouer dans l'ère de l'IA. Que vous soyez un entrepreneur, un éducateur, un politicien, un chercheur ou un citoyen intéressé, vous avez votre place dans l'avenir de l'IA. Votre voyage dans l'IA ne fait que commencer, et des aventures passionnantes vous attendent.

Quoi qu'il en soit, le dernier message que je souhaite vous transmettre est le suivant : l'IA est un outil et, comme tous les outils, sa valeur dépend de la manière dont nous l'utilisons. Utilisons l'IA pour créer un monde meilleur, un monde d'égalité, d'efficacité et de prospérité pour tous. Et n'oubliez pas : la révolution de l'IA n'est pas quelque chose qui vous arrive. C'est quelque chose à laquelle vous participez. Bienvenue dans l'ère de l'IA.

À PROPOS DE L'AUTEUR

Alex Lumiere

Alex Lumiere, auteur et visionnaire dans le domaine de l'intelligence artificielle, se distingue par son approche unique qui démystifie les aspects les plus complexes de la technologie pour les rendre accessibles à tous. Dans son ouvrage fascinant, "Apprivoiser la révolution de l'IA - Percer les secrets cachés de l'apprentissage automatique", il invite le lecteur à un voyage didactique au cœur de l'intelligence artificielle et de l'apprentissage automatique.

Issu d'une formation pluridisciplinaire, Lumiere puise dans sa vaste expérience pour relier les points entre la théorie de l'IA et ses applications pratiques. Son écriture, à la fois profonde et accessible, révèle une compréhension nuancée des défis et des opportunités présentés par l'IA dans un langage qui parle tant aux initiés qu'aux néophytes.

Son livre s'ouvre sur une exploration des origines de l'IA, tissant l'histoire de la discipline avec des anecdotes personnelles qui apportent une dimension humaine et tangible à ce champ souvent perçu comme abstrait. Lumiere possède ce don rare de contextualiser les avancées de l'IA dans l'évolution plus large de la pensée humaine et du développement technologique, permettant aux lecteurs de saisir l'importance capitale de l'intelligence artificielle dans l'histoire de notre civilisation.

Lumiere poursuit avec une exploration détaillée de l'apprentissage automatique, en levant le voile sur des concepts qui peuvent sembler intimidants au premier abord. Avec une aisance narrative, il guide le lecteur à travers les méandres des réseaux de neurones, des algorithmes de deep learning et de la reconnaissance de formes, les rendant non seulement compréhensibles mais également fascinants.

Ce qui distingue Lumiere, c'est son engagement à équilibrer les aspects techniques avec des réflexions éthiques et sociétales. Il aborde avec perspicacité la manière dont l'IA est en train de redéfinir le travail, les loisirs, et même nos interactions sociales. Son approche holistique ne se limite pas à expliquer le 'comment' de l'IA, mais se penche profondément sur le 'pourquoi', interrogeant les implications de l'intégration de l'IA dans la société et dans la vie individuelle.

Les récits de Lumiere sont ponctués de discussions avec d'éminents experts du domaine, des entretiens qui enrichissent le texte de divers points de vue et renforcent la crédibilité de ses arguments. Il crée ainsi un dialogue continu entre le lecteur, l'auteur et les professionnels de l'IA, favorisant une compréhension dynamique de la discipline.

Chaque chapitre est soigneusement conçu pour construire la confiance du lecteur dans sa capacité à comprendre et à apprécier l'IA. Mentalitè équilibre habilement l'exposition de concepts avancés avec des études de cas concrètes, illustrant le potentiel transformateur de l'IA dans divers secteurs, de la médecine à la finance, en passant par l'éducation.

En dépit de la densité du sujet, la prose de Lumiere reste légère et invitante, parsemée d'humour et de clarté. C'est un auteur qui comprend que la véritable maîtrise d'un sujet réside dans la capacité de le rendre clair pour les autres, une compétence qu'il possède en abondance et qui transparaît à chaque page.

En tant qu'éducateur passionné, Lumiere ne se contente pas de transmettre des connaissances ; il aspire à inspirer un sentiment de merveille et de curiosité chez ses lecteurs. "Apprivoiser la révolution de l'IA" ne se lit pas seulement comme un guide ; c'est une invitation à réfléchir, à questionner et à participer activement à l'avenir de l'intelligence artificielle.

Alex Lumiere, avec cet ouvrage, ne se positionne pas uniquement comme un expert en IA mais comme un pont entre les mondes technique et quotidien, entre la complexité des algorithmes et la simplicité de la curiosité humaine. Ce livre est une œuvre essentielle pour tous ceux qui aspirent à comprendre la révolution de

 l'intelligence artificielle et à jouer un rôle dans la façon dont elle façonne notre monde.